LE SECRET DES COURS,

OU LES MEMOIRES DE

VVALSINGHAM,

Secretaire d'Etat sous la Reine Elisabeth,

CONTENANT

Les Maximes de Politique necessaires aux Courtisans & aux Ministres d'Etat.

Avec les Remarques de

ROBERT NANTON,

Sur le Regne & sur les Favoris de cette Princesse.

A LYON,

Chez ANISSON ET POSUEL.

───────────────

M. DC. XCV.

AVEC PRIVILEGE DU ROY.

AVERTISSEMENT.

IL n'est rien de si ordinaire aux Traducteurs, que de faire dans une Préface ou dans un Avertissement le Panegyrique de leur Auteur. Mais comme cela se fait souvent par un principe d'amour propre, & non pour rendre à l'Auteur la justice qui lui est dûë, il me semble qu'il n'y a rien de plus inutile & de plus mal à propos, à moins que ce qu'on en dit ne soit puisé du mérite de l'Ouvrage même. Ils s'imaginent qu'aprés avoir naturalisé, s'il faut ainsi di-

AVERTISSEMENT.

re „ les penſées d'un Etranger, elles ſont devenuës les leurs propres. Et comme ils n'oſent directement loüer leur ouvrage, ils trouvent le ſecret de ſatisfaire leur demangeaiſon en loüant celui d'autrui. C'eſt pour le Public qu'on écrit, & c'eſt lui auſſi qui doit être le Juge des ouvrages qu'on lui donne. A quoi ſervent ces éloges anticipez contre leſquels les perſonnes ſenſées ne manquent jamais de ſe révolter ? Si le livre eſt bon, ſon mérite eſt ſon Avocat, & c'eſt par là qu'il ſe ſoûtient; mais s'il eſt mauvais, tout le bien qu'on en peut dire à l'avance ne ſauroit le rendre bon.

Je ſerois doublement condamnable ſi je faiſois ici la faute que je reproche aux au-

AVERTISSEMENT.

tres, & si je destinois cet Avertissement à autre chose qu'à faire connoître le caractere de mes Auteurs, & le rapport que je trouve entre l'ouvrage de l'un & l'ouvrage de l'autre.

Je sais bien que sous le Regne d'Elisabeth, il y avoit plusieurs Walsinghams. Mais je ne crois pas m'équivoquer, si je dis qu'il est ici question du Chevalier François Walsingham, l'un des hommes de son tems qui avoit les plus belles parties. Il nâquit de parens nobles qui prirent fort grand soin de son éducation. Il fit ses études dans les Universitez d'Angleterre; & comme il avoit un genie fort heureux, il y fit de trés-grands progrés en peu de temps. A

AVERTISSEMENT.

ces connoissances il ajoûta celles que les personnes judicieuses aquierent d'ordinaire dans les voyages. Il ne réüssit pas moins bien dans cette seconde sorte d'étude, & se perfectionna si bien dans les Langues, qu'il y fut le plus habile homme de son tems, & celui qui savoit le mieux s'en servir ; ce qui ne contribuà pas peu à le faire entrer dans les affaires.

Il fut Ambassadeur en France dans le fort des guerres civiles, & à peu prés pendant le tems que Monsieur étoit en Angleterre pour son prétendu Mariage avec la Reine Elizabeth. Cette Princesse fut si contente de ses services qu'à son retour elle le fit Secretaire d'Etat. Elle

AVERTISSEMENT.

n'eut pas sujet de se repentir de lui avoir confié l'administration de ses affaires. Jamais Ministre n'eut plus d'application, & ne travailla plus utilement à la sûreté de sa Maîtresse. La découverte qu'il fit de je ne sais combien de conspirations, servit beaucoup à affermir cette Princesse sur son Trône. Il avoit de si bonnes intelligences dans les Cours étrangeres, que rien n'échapoit à sa connoissance. Il avertit la Reine de l'entréprise des Espagnols deux ans avant qu'elle éclatât. Il trouva moyen de tirer du cabinet du Pape la copie de la lettre par laquelle Philippe I I. Roi d'Espagne lui confioit le secret de ce fameux dessein. C'est ce V. Valsingham

AVERTISSEMENT.

enfin qui est l'Auteur de cette belle lettre qui se trouve à la fin de *l'Histoire de la Réformation d'Angleterre* du savant Monsieur Burnet Evêque de Salisbury, où la conduite de cette Princesse envers les Catholiques Romains est si solidement & si nettement justifiée. Ce fut en un mot le Cardinal de Richelieu de la Reine Elisabeth.

Tous ceux qui ont du savoir & de la lecture peuvent faire de bonnes reflexions & donner de beaux préceptes sur les divers évenemens dont nous parle l'Histoire ; mais il y en a bien peu qui ayent tout ensemble la pratique & la theorie, & qui puissent fonder les maximes qu'ils établissent sur leur propre experien-

AVERTISSEMENT.

ce comme a fait Walsingham, qui a passé par tous les degrez de la faveur, & qui ne donne que les conseils qu'il a pratiquez lui-même. C'est sur ce pied-là qu'on regarde comme un Chef-d'œuvre le *Testament politique* du fameux Cardinal de Richelieu, qui n'est à proprement parler qu'un recueil des penibles experiences de ce grand Ministre.

Quoique le principal but de Walsingham soit d'apprendre aux Courtisans les moyens de se mettre en faveur & de s'y maintenir, & de donner des conseils aux Ministres qui veulent faire une heureuse navigation sur une mer où les naufrages sont si frequens, cela n'empêche pas qu'il n'y ait pour les Princes

AVERTISSEMENT.

plufieurs belles inftructions. Le premier principe qu'il pofe eft, qu'il y a bien peu de Courtifans qui ne facrifient à leur fortune particuliere l'honneur, la gloire, & les intérêts de leur Maître. L'exemple de Sejan qu'il fait revenir fi fouvent fur la Scene, & plufieurs autres faits hiftoriques qu'il applique fi heureufement, font des préceptes parlans qui doivent obliger les Princes à ménager leur faveur, & à ne donner jamais à leurs Favoris une autorité qui puiffe avec le tems affoiblir la leur. Et pour montrer que les confeils qu'il donne ne font pas des recherches fondées fur les vaines apparences de la fpeculation & de la fantaifie, il appuye tout ce qu'il avance fur les plus

AVERTISSEMENT.

pertinentes & les plus celebres autoritez que l'Histoire ou l'Experience lui ait pû fournir. Par ce moyen il joint l'utile avec l'agreable, met l'esprit en état de juger de toutes les circonstances des faits qu'il propose, & le détermine en faveur de la maxime qu'il établit. En un mot ce Traité contient depuis le commencement jusqu'à la fin un abregé de Politique, redigé par Articles ou par Chapitres en forme d'essai, également utile aux Princes, à ceux qui sont appellez au maniment des grandes affaires, & qui se proposent de faire leur fortune à la Cour.

Il paroît par les dernieres lignes de cet Ouvrage que l'Auteur est mort en disgra-

AVERTISSEMENT.

ce. Il a vécu fous un regne où les chûtes étoient fort frequentes. J'avouë de bonne foi que je ne fais ce qui a été caufe de la fienne; car non feulement il n'en dit rien non plus que Nanton, mais il ne dit pas même un feul mot de la Reine Elifabeth dans tout le cours de fon Ouvrage. Je dois cette remarque à une Perfonne d'un merite diftingué à laquelle j'ai communiqué mon manufcrit, & qui fait là-deffus une reflexion fort ingenieufe, qui eft que VValfingham a pû avoir les mêmes vûës à l'égard d'Elifabeth, que Corneille à l'égard du Cardinal de Richelieu, dont il protefta de ne jamais parler, parce qu'il en avoit reçû trop de bien pour en dire du mal, & qu'il

AVERTISSEMENT.

lui avoit fait trop de mal pour en dire du bien.

Les Fragmens de Nanton qui y sont ajoûtez, ne sont proprement qu'un recueil d'évenemens considerables qui confirment les maximes de VValsingham. Tout ce que je puis dire de Nanton est, qu'il a exercé sous le Roi Jaques I. une charge de Judicature considerable. Cet Auteur a des beautez qui lui sont propres, & de l'habileté; le bon sens regne par tout dans son Ouvrage, & les remarques qu'il fait sur le regne & sur les Favoris de la Reine Elisabeth sont bonnes & curieuses.

Comme ces deux Traitez se fortifient l'un l'autre, il y a long-tems qu'ils ont été im-

AVERTISSEMENT.

primez enfemble, & fi bien goûtez dans leur païs natal, que c'eſt ſur la quatriéme édition qu'on en a fait la traduction. Au reſte on n'a rien changé dans les titres, ſi ce n'eſt qu'on a traduit le terme de l'original *Manual*, qui ſignifie proprement un petit livre de poche, qu'on a toûjours en main, par celui de *Mémoires*, qu'on a trouvé plus court & plus commode, & en même tems plus du bel uſage.

TABLE
DES CHAPITRES.

CHAP. I. *Des differentes fins des Courtisans, & les moyens qu'ils employent pour y parvenir.* pag. 1

CHAP. II. *Ce qu'il faut faire pour avoir la faveur du Prince.* 6

CHAP. III. *Comment on peut s'en faire connoître.* 9

CHAP. IV. *Qu'il faut connoître l'humeur du Prince & l'inclination de ses Favoris.* 12.

CHAP. V. *S'il faut avoir de la complaisance pour ce que le Prince aime, & jusqu'où cette complaisance doit aller.* 21

CHAP. VI. *Les honnêtes gens sont rares dans les Cours corrompuës, & n'y sont pas des plus favorisez. Les mal-honnêtes gens au contraire y*

TABLE

sont en grand nombre, & ont l'adresse de s'insinuer dans l'affection du Souverain. 29

Chap. VII. Qui, quand, & comment on doit flater : ce que c'est que la flaterie qui n'a rien de criminel, & combien il est necessaire de s'en servir à la Cour. 37

Chap. VIII. Comment il faut se ménager dans le conseil d'un Prince. 42

Chap. IX. Comment il faut moderer les resolutions précipitées des Princes. 51

Chap. X. Comment on doit se conduire selon les divers naturels & temperamens des Princes, & par quels moyens on peut introduire quelqu'un à la Cour. 63

Chap. XI. L'âge, les affaires, la coûtume, & les maladies alterent le corps & l'esprit des Princes. 79

Chap. XII. Les Imposteurs peuvent beaucoup en flatant les Princes ; & comment un Prince doit être en garde contre ces gens-là. 87

Chap. XIII. Des Familiers & Do-

DES CHAPITRES.

mestiques du Prince, & le moyen de les gagner. 93

Chap. XIV. Comment il faut manier quatre sortes de Courtisans, comment on doit s'en servir, & de quelle maniere on doit en user avec un Prince inconstant. 98

Chap. XV. Comment il faut se comporter avec trois autres sortes de Courtisans. 109

Chap. XVI. Des Courtisans moins considerables, & comment il en faut user avec ceux qui ne nous aiment pas à cause des liaisons que nous avons avec certaines personnes. 118

Chap. XVII. Comment il faut traiter ceux qui nous haïssent à cause de nous-mêmes. Des menaces, & des injures. 125

Chap. XVIII. Comment il faut éviter les outrages des plus & des moins puissans : comment il faut en user avec les uns & avec les autres. Des Reconciliations artificieuses. 133

Chap. XIX. Comment on doit vain-

TABLE

cre l'envie. 143

CHAP. XX. De l'émulation, & le moyen d'y remedier. 152

CHAP. XXI. Comment nous pouvons prévenir une ruine qui nous menace, & lors que le mal est fait le moyen d'en tirer tout le bien qui peut en resulter. Exemples de la chûte des grands hommes. 158

CHAP. XXII. Exemples au sujet de la vanterie, de la présomption, de l'arrogance, de la trop grande familiarité, de l'orgueil & de la perfidie. 182

CHAP. XXIII. Il faut avoir soin de conserver la faveur non seulement du Prince, mais aussi de ceux qui ont du credit auprés de luy. 188

CHAP. XXIV. Exemples sur l'orgueil des moindres Courtisans, & sur la perfidie de ceux qui trahissent le secret du Prince. 195

CHAP. XXV. Des causes, & des espéces des conspirations avec les ennemis du Prince. Exemples sur ce sujet. 200

DES CHAPITRES.

Chap. XXVI. *Que nos Courtisans ne doivent point donner de conseils perilleux. De diverses fautes qui font perdre la faveur du Prince.* 203

Chap. XXVII. *Des artifices des Courtisans à se supplanter, soit en procurant des emplois eloignez, soit en faisant rappeller à la Cour ceux qui les ont exercez avec applaudissement.* 209

Chap. XXVIII. *On a recours à la calomnie pour rendre les gens suspects au Prince, ou pour les en faire haïr.* 217

Chap. XXIX. *Exemples de témoins suborrnez, & de lettres supposées.* 235

Chap. XXX. *On calomnie sous ombre d'une feinte amitié: le penchant du Prince pour l'Accusateur.* 242

Chap. XXXI. *Les principales ruses & finesses des Calomniateurs.* 246

Chap. XXXII. *Les loüanges de la Cour & les Courtisans masquez*

TABLE

sont trompeurs & dangereux. Troisiéme moyen pour opprimer nôtre Courtisan qui est la force. 250

CHAP. XXXIII. Le cruel & méchant naturel du Prince, & l'envie avec laquelle il regarde le merite de ses serviteurs, est quelquefois cause de la chûte du Courtisan : ce qu'il faut faire en pareil cas. 261

CHAP. XXXIV. Comment on peut se maintenir dans la faveur & dans ses charges lors qu'il vient un successeur. 267

CHAP. XXXV. Il ne faut pas faire ostentation de la faveur du Prince, non plus que de ses amis & de ses partisans. 275

CHAP. XXXVI. Comment il faut ménager la faveur du Prince, l'usage qu'on en doit faire. Conseils & consolations dans l'adversité, & autres maximes. 278

CHAP. XXXVII. Comment on peut juger si l'affection du Prince continuë ou change. 287

CHAP. XXXVIII. De la faveur du

DES CHAPITRES.

Prince pour les Femmes. Instructions pour les Maîtresses du Prince. Les Princes ont souvent de l'aversion pour ceux qui leur rendent service, &c.   291

Chap. XXXIX. Divers preceptes sur les plaisirs, & sur les inclinations du Prince, &c.   298

Chap. XL. Conclusion de l'Ouvrage; plusieurs conseils choisis & necessaires.   307

EXTRAIT DU PRIVILEGE du Roy.

PAr Grace & Privilege du Roy, donné à Paris le 17. Juillet 1695. Signé BOUCHER, Il est permis à Anisson Libraire à Lyon, d'Imprimer, vendre & debiter pendant huit années, le Livre intitulé *le Secret des Cours*, avec les defenses comme il est plus amplement porté par l'Original.

Enregistré sur le Livre de la Communauté des Libraires & Imprimeurs de Paris, le 20. Juillet 1695.

AUBOÜIN.

LE SECRET DES COURS, OU LE JOURNAL DE WALSINGHAM.

CHAPITRE PREMIER.

Des differentes fins des Courtisans, & des moyens qu'ils employent pour y parvenir.

IL faut que les personnes qui veulent conduire leurs affaires avec prudence & avec ordre, commencent par se proposer une fin à laquel-

A

le doivent aboutir toutes leurs actions. Ceux qui portent leurs vûës du côté de la Cour ne le font pas tous par les mêmes motifs ; les uns agiſſent par interêt, les autres par gloire ; l'ambition en entraîne pluſieurs ; une infinité ne ſongent qu'à ſe ſupplanter, & n'agiſſent que dans le deſſein de faire échouër les meilleurs projets. Mais il y en a trés-peu qui ſe propoſent la gloire, & l'avantage du Prince.

Cependant quelques differentes que ſoient leurs fins, ils n'employent que les mêmes moyens pour y parvenir, c'eſt à dire, qu'ils recherchent tous la faveur du Prince, & qu'ils n'épargnent pour y réüſſir ni l'adreſſe, ni l'aſſiduité, ni le travail. Ceux qui veulent donc se faire aimer du Prince doivent avant toutes choses s'en faire connoître, & se rendre ensuite agreables ou par leur bonne conduite, ou par leurs talens, ou par leurs actions, ou par quelques autres moyens honnêtes. Il y en a neanmoins qui à la faveur de leur grande qualité, de l'autorité de leur Charge, & des emplois qu'ils exercent, soit qu'ils les tiennent par droit de succession, ou pour les avoir achetez, ont un libre accés auprés du Prince. Et comme ils sont par là dispensez de la peine & des soins de s'en faire connoître, ils ont beaucoup d'avantage sur les autres, & trouvent d'abord la moitié de leur ouvrage fait. Il n'en est pas de même de ceux qui n'ont pas la liberté d'approcher la personne du Prince, ils trouvent d'abord de trés-grandes difficultez. Mais lors qu'ils en sont une fois connus, il les avance plûtôt que les autres, & a plus de confiance en eux lors qu'il les juge propres à lui rendre service, & la raison de cela est, qu'étant des Gens de peu, ils sont plus soûmis à la volonté du Prince, & le respectent comme étant l'Auteur de leur Fortune.

C'est tout autre chose des Courtisans d'une naissance distinguée, car ou leurs Emplois ou leur Maison met le Prince dans la necessité d'avoir des égards pour eux, & de préferer quelquefois leur sentiment au sien. Et comme il craint que leur élevation ne les rende vains, & ne les oblige à faire des cabales contre sa personne & contre les intérêts de son Etat, aussi ne les éleve-t-il pas volontiers, parce qu'il ne seroit pas en état de reprimer leurs factions sans danger, au lieu qu'il peut abaisser facilement ceux qu'il a élevez de la mediocrité; car en ce cas il n'a qu'à leur tourner le dos, ou à les abandonner aux Grands, qui les regardent pour la plûpart avec un œil d'envie. Je ne parle ici que de ces sages Princes, qui ont appris à renfermer dans de justes bornes le pouvoir de ceux qu'ils élevent, & auxquels ils ne conferent pas toute l'autorité de leur Couronne, & tous les emplois importans de leur Royaume, leur foûmettant même les personnes de la premiere qualité. Les Princes qui en ont ufé de cette maniere s'en font rarement bien trouvez, pour ne pas dire jamais.

―――――

Chapitre II.

Ce qu'il faut faire pour avoir la faveur du Prince.

Outre les moyens ordinaires & communs dont les Courtifans fe fervent pour fe mettre en credit, & pour gagner la faveur du Prince, il y en a deux principaux : les uns recherchent les charges & les dignitez publiques, & montent à la gloire par degrez

ou le Journ. de Vvalsingham. 7
jusques à ce qu'ils soient devenus Favoris : les autres suivent la Cour, & cherchent avec assiduité les occasions d'être employez dans les affaires secretes du Prince, & dans les negotiations de la derniere importance.

La derniere voye est sans contredit la plus courte, & marquée, pour ainsi dire, des traces de ceux qui ont été les plus favorisez de leurs Princes; comme par exemple de Mecenas à l'égard d'Auguste, & de Salluste à l'égard du même Auguste, & de Tibere son successeur. Voici comme en parle Tacite Annal. 3. *Salluste se contenta, à l'exemple de Mecenas, du titre de Chevalier, & sans aspirer aux honneurs dont le chemin lui étoit ouvert,*

A iiij

surpassa en autorité & en pouvoir grand nombre de Triomphans & de Consulaires. Different en cecy de ses Ancêtres, qu'il vécut dans la pompe & la magnficence de son siecle, d'un esprit neanmoins capable des plus grandes choses, avec d'autant plus de vigueur, qu'il faisoit paroître plus de negligence.

Il en fut de même de Mella, dont parle le même Tacite, Annal. 12. Cet homme qui étoit de la race de Gallion & de Seneque, avoit une extrême ambition : cependant il ne pretendit jamais aux honneurs publics, quoiqu'il ne fût que simple Chevalier Romain, il eut autant d'autorité que ceux qui avoient été consuls ; de plus il croyoit que le moyen le plus court pour s'enrichir étoit d'être employé aux affaires du Prince.

CHAPITRE III.

Les moyens de se faire connoître du Prince.

LEs moyens de se faire connoître du Prince & de se rendre agreable, sont differens selon la varieté des Courtisans & des temps. Il y en a qui se font connoître par des actions d'éclat, ou profitables, ou glorieuses, ou bien par une vertu extraordinaire. Plusieurs ont accés auprés du Prince, & s'acquierent du credit par le moyen des recommandations ; & c'est aussi de toutes les voyes la plus ordinaire. En effet les Princes sont si fort élevez au dessus des autres, & tellement environnez de personnes de la premiere qualité, & de vieux Courtisans, qu'il est dificile qu'un Etranger perce la foule qu'il rencontre en son chemin, à moins que quelqu'un ne luy donne la main, & ne luy ouvre le passage, ou que par quelque action extraordinaire il ne s'attire les yeux de tout le monde, & sur tout ceux du Prince.

L'avanture de l'Architecte Dinocrate est tres-memorable sur ce sujet. Cet illustre Macedonien voulant se faire connoître d'Alexandre le Grand, & les Courtisans ne voulant pas l'introduire, il resolut de se produire luy-même : pour cet effet il se depoüilla de ses habits ordinaires, s'huila tout le corps, se mit sur la tête une couronne de peuplier, & couvrãt son épaule gauche d'une peau de Lion, il prit une massuë en sa main. En cet equipage il s'approcha d'Alexandre qui étoit alors sur son Trône. Un spectacle si nouveau le fit regarder de tout le monde, & surprit tellement Alexandre même, qu'il se le fit amener. Et quoiqu'il n'approuvât pas la proposition qu'il lui fit, il le retint à son service, & le mit au rang des personnes de sa Maison.

Je n'allegue pas cet exemple pour persuader à personne de pratiquer une telle extravagance pour s'insinuer dans les bonnes graces du

Prince, mais pour prouver demonstrativement, que des Etrangers & des Inconnus, à moins qu'ils ne soient introduits par des personnes de grande autorité, ne peuvent qu'avec peine traverser la foule dont le Prince est environné, s'ils ne le font, comme on a déja dit, par quelque action d'éclat, ou qu'ils ne meritent par quelque chose de surprenant *digito monstrari* &c. comme dit le Poëte.

CHAPITRE IV.

Qu'il faut connoître l'humeur du Prince, & l'inclination des Favoris.

LE Courtisan qui veut être connu & aimé de son

Prince, doit bien étudier non seulement son humeur & ses manieres, mais aussi l'inclination de ceux de sa suite, en qui il se fie & se repose le plus ; comme aussi l'esprit des personnes de la premiere qualité, & en general tous ceux qui peuvent luy être de quelque secours. S'il ne le fait pas, l'émulation, la crainte, l'envie, la haine, leurs propres intérêts, ou ceux de leurs amis les faisant agir, ils ne manqueront pas de lui faire du mal. Il est sur tout necessaire de connoître à fond l'inclination & les habitudes du Prince, qui dependent beaucoup de son temperament : & quoique les sages Princes sachent bien les cacher & les adoucir, il arrive rarement qu'ils n'éclatent quelquefois, & que laissant tomber leur masque, par maniére de dire, ils ne se montrent tels qu'ils sont. Comme toutes leurs actions sont exposées aux yeux du monde, il est impossible qu'on ne s'apperçoive à quelque heure de la pente de leur Esprit. Ils sont quelquefois si accablez du poids de leurs affaires, qu'oubliant la ruse ils se font voir au naturel. Tibere lui-même tout grand Maître qu'il étoit dans l'art de dissimuler, ne pût si bien se cacher, que tous ses artifices ne se découvrissent peu à peu.

Puis donc que les inclinations des hommes en general sont si differentes, que ne doivent point être celles des

Princes, qui varient presqu'à l'infini ? Cependant on peut les réduire à deux chefs: L'un renferme tout ce qui peut contribuer à la grandeur de leurs Etats; & l'autre ce qui regarde leurs plaisirs personnels. Leur grandeur consiste dans leur réputation, dans leur autorité, ou dans leurs richesses, dans le devoir de leurs Sujets, ou enfin dans la force, & dans la fidelité de leurs Armées. Le Courtisan doit en tout cela regler ses empressemens sur la nature, & sur la disposition des affaires des Princes; celui qui s'en aquittera habilement ne peut pas manquer de plaire, pourvû que d'ailleurs il ne se soit pas rendu suspect, & qu'il n'ait pas donné sujet au Prince d'avoir de l'aversion pour lui.

Il faut faire le même jugement des plaisirs & des vices du Prince. S'il est défiant & craintif, comptez qu'un rapporteur hardi, & qui ne se soucie pas de desobliger les Grands, & qui est toûjours prêt d'executer les ordres du Prince, quels qu'ils puissent être, lui sera toûjours agreable. C'est là à peu prés le portrait que Tacite fait de Sejan: *il avoit un corps*, nous dit-il, *capable des plus grands travaux; un esprit audacieux, rusé, calomniateur, lâche, & orgueilleux tout ensemble. Plein de pudeur & de modestie en apparence, mais au dedans une convoitise de regner insatiable.*

Si le Prince aime à boire il regardera de bon œil ceux

qui se plaisent à la débauche. Ce fut pour cette raison que Tibere aima Pomponius & Lucius Pison, voici ce qu'en dit Suetone, *a* pendant qu'il travailloit à la reformation des mœurs, il passa deux jours & deux nuits à manger & à boire avec Pomponius Flaccus & Pison. A l'un il donna la Province de Syrie, & à l'autre le Gouvernement de Rome, les nommant dans ses Lettres des Amis agreables & gens à tout faire. Le même Tibere, ajoûte Suetone, préfera à plusieurs personnes de qualité un homme de basse naissance, qui demandoit la Questure, parce qu'à un banquet où ce Prince étoit, il avoit bû à sa santé une mesu-

a *De Tiberio*, cap. 24.

re extraordinaire de vin.

Neron n'aima Tigellin que parce qu'il étoit auſſi vicieux que lui. Tigellin, dit Tacite, eut d'autant plus de credit auprés de Neron, qu'il étoit le confident de ſes plus ſecrettes voluptez. Annal. 14. *De même Petrone, ce Maître de l'élégance*, pour parler comme les Hiſtoriens, *fut de la confidence de Neron, qui n'aimoit preſque perſonne, & qui ne trouvoit rien d'agreable ni de delicieux, que ce que Petrone avoit approuvé.* Annal. 16. A l'exemple de Neron, Commode & Heliogabale donnerent toutes les dignitez de l'Empire à des Gens faits comme eux.

Mutianus, ou M. Licinius Craſſus fut aimé de Veſpasien, moins à cause de sa fidelité, & du merite de ses services passez, qu'à cause qu'il étoit plus habile que les autres à entretenir son avarice. Ce fut par le même motif d'avarice qu'Isaac dit l'Ange, qui fut Empereur aprés la mort de Theodore, aima un certain jeune homme, qui ne sçavoit qu'à peine écrire, & qu'il fit neanmoins Contrôlleur de ses Finances, esperant de partager avec lui les presens que lui faisoient largement tous ceux qui avoient besoin de lui.

Manuel Comnene ayant besoin d'un homme impitoyable & artificieux pour lever ses Tributs, & pour fournir de l'argent à sa prodigalité, jetta les yeux sur Jean

Pucius, homme rude, insupportable, de difficile accés, & d'une brutalité sans pareille ; Homme en un mot dont le langage & les yeux répondoient parfaitement à son naturel & à son Emploi. Et non content de cela, il l'éleva tellement au dessus de tous les autres, qu'il eut l'impudence de violer les Edits du Prince, & les Ordres du Senat. Et sous prétexte de vouloir augmenter les Finances, il supprima quelques-unes des Charges de l'Empire les plus importantes & les plus considerables ; comme étoit par exemple celle de Commandant des Galeres, qui faisoient la principale force & défense de l'Etat.

Chapitre V.

S'il faut avoir de la complaisance pour ce que le Prince aime, & jusqu'où doit aller cette complaisance.

Non-seulement tout le monde convient, que ceux qui veulent plaire au Prince doivent applaudir à tous ses desirs, mais même l'usage ordinaire des Courtisans a autorisé cette conduite. Un honnête homme sera surpris de cela, & s'imaginera qu'une Maxime qui oblige d'avoir une entiere complaisance aux volontez du Prince, lui ferme l'entrée de la Cour, puisque les Princes agissent souvent contre la Raison & contre la Justice. A la verité celui qui veut vivre dans une innocence parfaite, fuir la societé des vicieux, & s'éloigner du poison de la corruption, fera bien selon moi de s'absenter de la Cour, qui corrompt quelquefois la plus grande integrité & la plus parfaite innocence.

Cherchons un exemple ou deux de cette corruption. Festinus, ami de Maximin, gouverna l'Asie sous le Regne de Valentinien, avec une douceur & une modestie admirable, & censura severement les violences, les cruautez, les calomnies, & les fraudes de Maximin : mais s'étant enfin apperçû que cette conduite immoderée avoit fait donner à ses collegues le commandemét des Bandes Prétoriennes, qui étoit la premiere dignité aprés celle d'Empereur, il changea de maniere de vivre, & imitant Maximin il fit plusieurs injustices & cruautez. Jean Pucius, dont je viens de parler, eut pendant quelque tems l'administration des affaires & des Finances de l'Empereur, & s'en aquitta avec beaucoup d'integrité; ce qui fit que l'orgueil & l'inhumanité de l'Empereur furent en quelque maniere supportables aux Sujets bien intentionnez. Mais enfin, dit Nicetas, s'étant abandonné au desir des richesses, il porta l'avarice aussi loin, que l'avoient portée ceux qui l'avoient precedé dans cette charge. Il exhortoit même ses amis & ses domestiques à faire comme luy, comme en effet plusieurs le firent. Pour les autres quoiqu'ils valussent mieux, & qu'ils ne fussent pas corrompus, ils souffroient cependant sans rien dire que les autres se corrompissent, & cela parce qu'ils craignoient le danger dont étoient menacez ceux qui faisoient quelque resistance.

Aristide premier, soit de nom soit d'inclination, étant devenu Trésorier des Atheniens, travailla d'abord selon son inclination & le devoir d'un honnête homme, à trouver les moyens d'empécher que les Officiers qu'il avoit sous luy ne pillassent le public. Il fut incontinent accusé de tromperie & de malversation

sation, comme s'il eût été l'homme le plus corrompu qui eût jamais occupé cette charge, & peu s'en falut qu'on ne le condamnât comme tel. Mais enfin s'étant tiré d'affaires, & ayant conservé sa charge, il résolut de faire comme ses predecesseurs, & de fermer les yeux aux larcins de ses Collegues. Par ce moyen il se rétablit d'abord dans l'estime de tout le monde, & passa pour homme de bien comme auparavant.

La même chose arrive souvent à la Cour, soit par la malice de ceux qui sont les plus autorisez, qui ne peuvent souffrir que personne ait plus de vertu qu'eux, soit par le peu de sens ou par l'imprudence du Prince. J'avouë donc qu'il est extrémement difficile que les Courtisans conservent leur integrité : cependant si quelqu'un est à la Cour ou par la necessité de sa fortune, ou par sa haute naissance, ou par la dignité de son Emploi, ou par le desir de rendre service à ses amis, ou à sa patrie, ou si y étant appellé par le Prince, il embrasse ce genre de vie, & tâche par ce moyen à se procurer du bien, & à servir ses amis lorsque l'occasion s'en presente ; il peut, ce me semble, y demeurer, au moins pendant quelque temps, sans prejudicier à sa droiture.

Je parle des Cours des méchans Princes ; car il n'est pas fort difficile de demeurer à la Cour d'un Prince sage, qui aime les gens d'honneur & de vertu. Autrefois les gens de bien n'embraſſoient pas toûjours les emplois publics à deſſein de rendre ſervice à leur patrie, mais uniquement pour empêcher d'entrer dans les charges les hommes méchans & corrompus. Et par la même raiſon ils doivent tâcher d'avoir accés auprés des Princes tyranniques & voluptueux, afin d'empêcher le mal ſinon ouvertement & ſans détour, au moins indirectement, & autant qu'il leur eſt poſſible, & de prévenir les pernicieux conſeils du Prince, ou en retardant les réſolutions, ou en faiſant naître des difficultez, ou en lui inſpirant des ſentimens plus raiſonnables & plus doux.

Burrhus & Seneque qui passoient de leur temps, non-seulement pour de bons Courtisans, mais aussi pour des gens sages, ayant été chargez de la jeunesse de Neron, & ayant remarqué que le penchant de ce Prince étoit l'amour & le plaisir, pour empêcher qu'il n'éclatât, & débauchât les Femmes de la premiere qualité, lui permirent d'avoir une Maîtresse, & par ce moyen ils le retinrent pendant quelque temps. *Il s'étoit déja servi d'Anneus Serenus l'un de ses Amis, pour cacher les commencemens de son amour. Cet homme contrefaisant le passionné avoüoit en public les presens que le Prince faisoit à son Affranchie.* Tac. Annal. 13. Autant en doit faire un homme de bien : comme il ne lui est pas possible de se rendre le Maître du luxe, du libertinage, & de la méchanceté du Prince, il faut au moins faire diversion, & les tourner du côté où il n'y a rien à craindre, soit pour le bien public, ou pour la gloire du Prince.

Chapitre VI.

Les honnêtes gens sont rares dans les Cours corrompuës, & peu favorisez. Les malhonnêtes au contraire y sont en grand nombre, & savent s'insinuer dans l'affection du Souverain.

ON me dira peut-être, qu'il est rare, qu'un Tiran, ou un Prince débauché donne son affection à un honnête homme. Je ne disconviens pas que cela ne soit tres-rare, mais je soûtiens en même temp, qu'il y a peu de Cours, où il ne se trouve d'honnêtes gens, sinon appellez par le Prince même, au moins attirez par le genereux desir de faire du bien aux autres, & de s'opposer à l'autorité des méchans. C'est dans cette vûë qu'ils tiennent pied ferme, soûtenus qu'ils sont par les Courtisans les mieux intentionnez, & appuyez de l'amitié & de la protection de quelque personne éminente; c'est là qu'ils observent avec soin la maxime de Lepidus, que Tacite Annal. 4. propose comme un bon & sage Courtisan, qui n'a jamais offensé le Prince par une desobéïssance à contretemps, ni extenué ses vices par une lâche flaterie. C'est pour cela même que le même Historien louë Capiton & Labeon. *Ce Siecle, dit-il, a porté ces deux grands ornemens de la paix. Le dernier plus franc & plus genereux, & par consequent plus celebre parmi les hommes, l'autre plus complaisant & plus aimé du Souverain.*

Je demeure d'accord qu'il est plus difficile à un honnête homme qu'à un autre de faire le personnage de Courtisan. Mais neanmoins je soûtiens que la gloire & le contentement d'esprit qui en reviennent, dédommagent beaucoup de la peine qu'on a de bien joüer ce Rôle. Car si le

Courtisan se conduit sagement, & s'accommode aux choses qu'il a sous les yeux, il est impossible qu'il change, ni qu'il succombe ; j'ose dire même qu'il ne peut pas manquer de plaire enfin au plus méchant Prince, ni de s'en faire plus aimer que ceux dont la réputation n'est pas si bonne, qui font rarement les affaires du Prince avec le soin & la fidelité qu'ils doivent, ou du moins qui les font d'une manière qui n'approche point de ce qu'il peut aisément se promettre d'un homme d'honneur & de vertu. C'est à quoi tendoit le conseil de Salluste & de Mecenas. Le premier conseilloit à Jule Cesar, & l'autre à Auguste de ne donner leur affection qu'à d'honnêtes gens. Pourquoy cela ? parce que la conscience & le soin que les honnêtes gens ont de leur reputation sont plus capables de les empêcher de faire une mal-honnêteté, que la crainte de la peine, ou l'impuissance ne sont capables de retenir ceux qui ne le sont pas.

Mais, comme j'ai dit, les Courtisans vicieux sont toûjours le plus grand nombre. Ils ont deux voies principales pour s'insinuer dans les bonnes graces du Prince. La premiere est de le flater, & la seconde d'executer tout ce qu'il commande, & de le faire d'une maniére d'autant plus servile, qu'ils s'en promettent une plus grande recompense. De plus les Princes sont bien aises d'avoir auprés d'eux des gens, en comparaison desquels ils paroissent la bonté même. Il y en a d'autres, qui s'imaginent aussi que leur vie est plus en seureté lors qu'ils sont accompagnez de gens qui leur ressemblent. Denis le Tiran ayant été prié de chasser de sa Cour un infame qui s'étoit rendu l'aversion de tout le monde, répondit; *qu'il vouloit le garder, de peur que s'il le renvoyoit, il ne devint luy-même la personne de la Cour la plus odieuse.* Il est naturel à ceux qui sont vicieux, de vouloir passer pour gens de probité, en se comparant à ceux qui sont encore plus vicieux. Et c'est pour cela que certains Princes eurent anciennement la malice de choisir des Successeurs qui ne leur ressembloient pas, pour rehausser l'éclat de leur gloire par l'opposition des vices de ceux qu'ils choisissoient. Tacite croit que ce fut par cette raison qu'Auguste adopta Tibere, dont il connoissoit parfaitement bien l'arrogance & la cruauté, & que Tibere choisit Caligula.

Il est necessaire sur tout qu'un homme de bien soit fort modeste & fort circonspect en parlant, car les Princes n'aiment que rarement ou jamais les gens qui parlent avec une liberté, sans prudence & sans precaution. Platon parla librement à Denis, & cette liberté luy fut fatale; car ce Tiran le donna à un pauvre Marinier, & l'envoya dans l'Isle de Crete où il fut vendu. Certains Philosophes le racheterent, & lui conseillerent *de fuir absolument la conversation des Princes, ou de leur parler avec plus de ménagement.* Aristote donna le même conseil à son Cousin Callisthenes, qui alloit à la Cour d'Alexandre : *parle rarement,* luy dit-il, *& si tu es obligé de parler, ne dis jamais rien que d'agreable à celuy qui peut te faire ôter la vie d'une seule parole.*

CHAPITRE. VII.

Qui nous devons flatter, le tems & la maniére de le faire. Ce que c'est que la flaterie legitime.

Quoique la flaterie soit incompatible avec les maximes rigides de la Morale & de la Vertu, cependant il est absolument necessaire que les Courtisans flatent quelquefois le Prince s'ils veulent en être favorisez. Mais il ne s'accommode pas de toute sorte de flaterie. Celle qu'on appelle basse & servile déplût à Tibere même. Tacite nous dit, Annal. 3. que cet Empereur sortant du Senat, on entendit qu'il disoit en Grec de certains Senateurs qui l'avoient flaté, *ô Esclaves nez!* Il y a des temps où il est aussi dangereux de flater, que de ne flater point du tout. Car il arrive souvent que celui qu'on flate trop grossiérement, croit qu'on veut le tromper. Il est encore necessaire que la flaterie soit en quelque maniére fondée sur la verité, & qu'il y paroisse quelque ombre de liberté, afin de pouvoir persuader non seulement le Prince, mais aussi les autres, que la langue est l'interprete des pensées du cœur, & par ce moyen conserver son credit. C'est là le sentiment d'Eschines & de Plutarque.

Cresus avoit connu l'humeur des Rois pendant qu'il avoit été Roi luy-même,

& il savoit parfaitement bien ce qui pouvoit leur plaire ou déplaire. Cambyses Roi de Perse ayant un jour demandé à ceux qui étoient auprés de luy ce qu'ils pensoient de sa grandeur par rapport à celle de Cirus son pere. Ils répondirent tous, qu'il étoit plus grand que Cirus, puis qu'aux Etats de son pere il avoit ajoûté l'Egipte, & l'Empire de la Mer. Le tour de Crésus, qui étoit alors prisonnier, étant venu de parler, il dit qu'il etoit de beaucoup inferieur à son pere, puisqu'il n'avoit pû se procurer jusques-là un second lui-même. Il y avoit dans cette réponse quelque chose de libre; aussi fut-elle plus du goût de Cambyses, que tout ce qu'avoient dit les autres.

La flaterie de Valerius Messala, dont parle Tacite, Annal. 1. est digne d'une trés-grande consideration. *Valerius Messala*, dit cet Historien, *ajoûta, qu'il étoit à propos qu'on renouvellât tous les ans le serment au nom de Tibere. L'Empereur lui ayant demandé s'il lui avoit donné charge de dire ce qu'il disoit, il répondit, que lors qu'il s'agissoit de l'interêt de la République, il ne consultoit que soi-même, sans se mettre en peine s'il déplaisoit ou s'il couroit quelque risque.* Flaterie d'autant plus *surprenante, que personne ne s'en étoit encore avisé.*

Cet Auteur Annal. 3. remarque la même chose d'Atejus Capito, *Lucius Ennius*, dit-il, *Chevalier Romain, fut* tiré en justice pour avoir fait fondre une statuë du Prince, afin d'en faire de la Vaisselle d'argent. Mais Tibere le fit absoudre, quoi qu'Atejus Capito s'y opposât, criant comme s'il eût maintenu la liberté; qu'il ne falloit pas ôter à la Justice le pouvoir de decerner des peines contre les coupables, ni laisser un si grand forfait impuni. Qu'il pouvoit pardonner ses injures, mais non pas celles de la Republique. Il seroit aisé de produire d'autres exemples de la méme nature ; mais ceux qu'on vient de rapporter suffisent pour l'instruction des Courtisans qui sont obligez de flater. Ils doivent prendre garde que leur flaterie ne leur attire, ou n'attire aux autres, quelque disgrace publique ou particuliere. Il suffit de ne flater le Prince qu'autant qu'il le faut pour contenter quelquefois sa vanité.

Chapitre VIII.

Comment il faut se ménager dans le Conseil du Prince.

Nôtre Courtisan doit prendre garde comment il s'engage dans le Conseil du Prince, je veux même qu'il y soit appellé. Car il y en a qui ne demandent conseil, que comme fit Xerxes lorsqu'il voulut conquerir la Grece. Ce Monarque fit assembler les Princes d'Asie comme s'il eût voulu les consulter au sujet de son expedition. Lorsqu'ils furent assemblez, il leur dit, je vous ai aſſemblez, de peur qu'on ne diſe que je fais tout à ma fantaiſie ſans vous rien communiquer. Cependant je veux que vous ſçachiez que j'eſpere trouver en vous des eſprits ſoûmis & dociles. Cambyſes Prédeceſſeur de Xerxes, étant ſur le point de ſe marier à ſa Sœur, demanda à ſes Conſeillers s'il y avoit quelque loi en Perſe qui défendît un ſemblable Mariage. Ces Miniſtres ayant ſenti que le Roi leur faiſoit cette queſtion non pas tant à deſſein de ſe déterminer, qu'en vûë de ſonder leurs intentions, lui répondirent, qu'à la verité il n'y avoit point de loi qui autoriſât expreſſément ce qu'il vouloit faire ; mais qu'il y en avoit une qui portoit que le Roi pouvoit faire legitimement tout ce qu'il jugeoit à propos. Ainsi connoissant l'humeur du Prince, & examinant la nature de l'affaire dont il s'agit, il faut que le Courtisan voye s'il est à propos, ou sûr de lui dire franchement son sentiment, lorsqu'il le demande, ou de flater son inclination.

Aprés avoir établi cette verité par des exemples de Rois, je veux ensuite vous en produire un d'un homme, qui n'étoit pas Roi à la verité, mais qui a fait la fonction de Roi en Espagne dans le Siécle précédent. Ferdinand étant mort, le Pape & l'Empereur Maximilien solliciterent Charles d'Autriche, qui étoit alors en Flandres, de prendre la qualité de Roi du vivant de Jeanne sa Mere fille de Ferdinand, qui étoit incapable de gouverner à cause de sa mauvaise santé, & de la foiblesse de son Esprit. Les Etats furent assemblez pour cela, & le Cardinal Ximenes pour excuser cette nouveauté leur fit faire un excellent discours par le Docteur Carvajal. Les Grands d'Espagne plus formalistes que les autres, & plus attachez qu'il ne falloit aux intérêts de la Reine contre un Prince qui devoit en peu de temps monter sur le Trône par droit de succession, protesterent hautement contre la proposition de Carvajal. Sur cela le Cardinal se leve, & leur dit d'un air severe & indigné. *L'affaire dont il s'agit ne souf-*

fre point de difficulté, & il n'eſt pas tant queſtion de dire vos avis, que de montrer vôtre soûmiſſion. Les Rois n'ont pas besoin des ſuffrages de leurs Sujets. Ie vous avois aſſemblé pour vous dôner lieu de meriter les bonnes graces de vôtre Prince, & non pour le besoin que j'avois de vous: mais puiſque vous ne ſavez pas obliger vôtre Maître, & que ſous ombre de quelques Loix groſſieres & arbitraires, vous prenez pour une ſervitude & pour une déference neceſſaire, l'honnêteté qu'il vous fait, il ſera proclamé Roi aujourd'hui dans Madrid ſans vôtre approbation, & toutes les autres Villes ſuivront incontinent cet exemple.

C'eſt ainſi que les Princes en uſent, non ſeulement dans les cas de cette nature, mais presque par tout ailleurs. Rarement demandent-ils l'avis de quelqu'un, à moins que ce ne soit ou pour appuyer leurs résolutions sur le consentement de plusieurs, ou pour sonder la personne à laquelle ils demandent conseil, comme Tibere fit souvent au rapport de Tacite. Il faut donc que le Courtisan étudie avec soin l'esprit du Prince, car autrement il court risque de luy donner un conseil qui luy sera desagréable. S'il ne sait pas au juste quelle est son inclination sur le fait dont il s'agit, qu'il fasse semblant de discuter l'affaire, & raisonnant ainsi pour & contre, qu'il laisse choisir au Prince le parti qu'il voudra prendre. Si ce dont on delibere n'est pas entierement résolu par avance, & d'une maniere à ne pouvoir y faire aucun changement, le Prince changera de résolution aprés avoir entendu les raisons qu'on peut alleguer contre, supposé qu'il ait de la prudence.

En ce cas il n'y aura aucun sujet de porter la délicatesse jusqu'à se faire une honte de paroître inferieur à quelqu'un, en ce qu'on suit son conseil, quelque nuisible & indecente que soit cette fausse délicatesse, elle ne laisse pas d'être tres familiere aux grands hommes. Aprés avoir dit tout ce qui peut se dire, vous laissez la decision à la prudence, & par ce moyen vous évitez le risque que plusieurs Conseillers courent, si leur avis réüssit fit mal. Et si le Prince suit sa premiere résolution, & qu'il ait du dessous, il connoîtra & estimera d'autant plus la prudence du Conseiller, qu'il a prévû le mal lors qu'on pouvoit encore l'éviter.

Si vous étes pressé de dire vôtre avis sur une affaire injuste & criminelle, ou tâchez de temporiser, ou faites en sorte qu'on appelle un Tiers pour examiner la chose avec plus de soin & d'exactitude : par ce moyen l'affaire étant plus meurement pesée, on verra mieux jusqu'où la gloire & l'interêt du Prince y sont engagez. Ce fut par cette methode que Burrhus rendit inutiles les premiers attentats de Neron contre la vie de sa Mere : *Il luy promit qu'il la tue-*

roit luy-même en cas qu'elle se trouvât coupable ; mais que puisqu'on ne punissoit personne sans l'entendre, il ne pouvoit refuser la même grace à sa Mere. Pendant qu'on l'interroge la fureur de Neron se refroidit, & ses craintes diminuent, de sorte qu'encore que sa résolution ne fût pas entiérement changée, l'execution en fut remise à une autre fois.

Mais cette maniere d'agir n'est pas de toutes les conjonctures ; elle n'est bonne que dans les affaires desesperées & ambiguës. Cependant avant que d'en courir les risques, nous devons connoître si le Prince peut souffrir les retardemens ; car il y en a de si opiniâtres & de si impatiens, que le moyen le plus infaillible d'encourir leur disgrace est de vouloir temporiser.

Chapitre IX.

Comment il faut moderer les résolutions précipitées des Princes.

LOrs qu'on ne nous demande pas nôtre avis pour resoudre, mais pour la maniére d'executer ce qui est déja resolu, & c'est ce qui arrive souvent; si l'affaire dont il est question paroît incompatible avec la raison & l'honnêteté, il faut proposer les moyens les plus éloignez dont nous puissions nous aviser pour ce qui regarde l'execution, & il faut appuyer nôtre sentiment en faisant voir qu'il est facile à pratiquer, qu'il est équitable, & sans risque, & qu'au contraire les entreprises brusques & subites sont pleines de peril & de difficulté. Lors que nous avons à faire à des Princes impatiens, nous devons être toûjours préparez à des résolutions précipitées, & toûjours en état d'agir de tête, & en ce cas il ne faut pas douter qu'ils ne prennent le parti qu'on leur prouve demonstrativement être le plus aisé & le plus seur, à moins qu'ils ne soient de la derniere imprudence & d'un entêtement insupportable. Cependant s'ils sont assez imprudens pour ne vouloir pas écouter des conseils doux & honnêtes, le Conseiller peut encore excuser sa prudente précaution par le soin qu'il a de la gloire du Prince, & par l'attachement qu'il a pour sa personne, & dire qu'il aime mieux que les choses se fassent lentement & seurement, que si elles se faisoient brusquement à la ruïne de son Maître.

Que s'il arrive qu'il se rencontre des difficultez dans le dangereux parti que le Prince a pris de son pur mouvement, cela ne luy rappellera que mieux la prudence de celuy qui a voulu l'en détourner à temps, & peut-être l'obligera de l'écouter à l'avenir lors qu'il luy proposera des moyens plus doux. Outre qu'en gagnant du temps il arrive souvent ou que la passion du Prince se modere, ou que ses desirs sont moins violens, ou qu'il s'apperçoit que ce qu'il entreprend est entierement impossible, ou ne peut s'executer sans beaucoup d'inconveniens.

Il arrive quelquefois que les moyens que les Princes se proposent sont accompagnez de tant de difficultez, qu'elles sont insurmontables. Comme je ne voudrois pas en ce cas que vous le portassiez à pratiquer des expediens de cette nature, je ne voudrois pas aussi que vous vous attachassiez trop à l'en détourner ; j'aimerois mieux que vous gardassiez un silence respectueux, & que vous luy laissassiez prendre son parti, de peur que voulant le dissuader par la difficulté des moyens, vous ne luy fissiez naître l'envie de chercher des voyes plus faciles pour executer son dessein, qu'il auroit abandonné de luy-même sans cela, rebuté par les obstacles qu'il eût rencontré en son chemin, & qui l'auroient, par maniére de dire, mis hors d'haleine. Mais il arrive aussi quelquefois qu'un honnête homme est chargé de l'execution d'une méchanceté ou d'une injustice. A la verité il n'y a point d'honnête homme qui ne doive en tel cas souffrir toute sorte de violence ou de disgrace, plûtôt que devenir le Ministre d'une action infame ; mais je crains qu'il y ait bien peu de ces honnêtes gens, capables d'une résolution assez genereuse, pour ne pas obéïr en semblable occasion, & pour se sacrifier en même temps en faveur d'autrui ; sur tout si la conjoncture & le naturel du Prince ne souffrent ni refus ni excuse, & s'il n'y a pas moyen de rejetter sur un Tiers cette desagréable Commission.

Burrhus prit le dernier parti lorsque Neron eut résolu pour la seconde fois de faire massacrer sa Mere, d'autant plus soigneuse & passionnée, que le danger qu'elle avoit couru par le naufrage auquel on l'avoit exposée sur le Tibre n'avoit produit d'autre effet, sinon que cette femme déja maligne & vindicative, étoit devenuë plus furieuse & plus animée que jamais. Burrhus & Seneque étant consultez furent long-temps incertains de ce qu'ils avoient à dire, comme nous l'apprenons de Tacite, Annal. 14. *Ils furent, dit-il, long-temps sans parler, craignant qu'il ne serviroit de rien de convier Neron au repentir. A la fin Seneque le premier regarde Burrhus comme pour lui demander si ses Soldats executeroient bien ce parricide. L'autre répond qu'ils étoient trop affectionnez à la Maison des Cesars, & à la memoire de Germanicus, pour rien entreprendre contre sa Fille, & qu'Anicete achevât ce qu'il avoit commencé.* Il empêcha par ce moyen que ni lui ni ses Soldats ne fussent chargez de l'execution d'une vilaine action.

J'avouë qu'on rend un mauvais service à un homme lors

qu'on lui renvoye une commission qu'on ne peut pas accepter sans crime. Mais si cela doit arriver, je crois qu'il vaut mieux qu'un homme fait comme étoit Anicete soit l'executeur d'une lâcheté de cette nature, qu'un homme d'honneur & de vertu.

Cependant le plus seur est de prévoir à temps les injustes desseins du Prince, de les prévenir dés leur naissance, d'aller au devant, & de les étouffer avant qu'ils ayent pris racine, ou qu'ils commencent à éclore. Il y en a eu plusieurs qui par des remontrances honnêtes & à propos, & avec des paroles de soye, pour parler comme Parisates, ont fait beaucoup de bien, & ont merveilleusement bien réüssi dans ces sortes d'occasions. Il est neanmoins necessaire que ceux qui veulent se servir de pareils remedes, ayent beaucoup d'autorité auprés du Prince, afin qu'il se trouve dans la necessité de les écouter autant à cause des égards qu'il a pour eux, qu'à cause de l'amour dont il les honore. Neanmoins aprés tout, quoi qu'ils réüssissent quelquefois, il sera difficile qu'ils réüssissent en tout. J'aime beaucoup les manieres de ceux qui ayant l'esprit solide & l'humeur agréable trouvent par là le secret de plaire, & qui, comme s'ils vouloient parler de choses indifferentes, savent employer à propos une comparaison, ou un bon conte, pour representer au Prince le danger & la turpitude de ce qu'il a envie de faire, & où il semble qu'il aille donner tête baissée.

Mais il faut pour cela une grande delicatesse d'esprit, & la grace requise dans le discours. De plus, il faut prendre garde que le Prince ne s'apperçoive pas qu'il soit le sujet de la plaisanterie : comme Tibere qui crut que Scaurus lui reprochoit le meurtre de sa Mere dans la Tragedie d'Atreus, & Domitien qui prit celle d'Helvidius écrite contre Pâris & contre Cenon pour une censure de ses Divorces. Il est donc necessaire que ces sortes de contes soient finement entremêlez d'autres choses qu'on ne puisse pas appliquer au Prince ; & il est tres-à-propos de prendre garde à ne pas presser en termes trop clairs le sujet le plus essentiel de l'affaire dont il s'agit ; & si l'on craint que le Prince ne le remarque pas, on peut repeter, mais il faut que cette repetition paroisse un effet du pur hazard. Plus le conte est réïteré & égayé, plus est-il capable d'imprimer ce qu'on veut faire entendre. Et comme il semble que cela se fait par hazard, & sans dessein, aussi les oreilles chatouilleuses du Prince n'en seront-elles point blessées.

Il y a pour cette espece de moderation, par le moyen de laquelle vous ne pouvez ni contribuer aux vices du Prince, ny vous y opposer sans succés, des temps, & des moyens favorables, que ceux qui font à sa suite, & employez dans ses affaires, ne sçauroient s'empêcher de rencontrer. S'il arrive que vous soyez indispensablement obligé de vous opposer au penchant du Prince, il faut lui susciter quelque autre passion, ou lui faire naître quelque autre envie, à laquelle il n'ait pas moins de penchant, & faire par ce moyen dans son esprit une espece de conflit & de diversion ; mais il faut toûjours avoir soin de couvrir ce que nous disons du prétexte de nôtre devoir, & du respect que nous avons pour lui.. Ce fut par là que Mutianus retint Domitien, & l'empêcha de se joindre avec Cerealis, comme il étoit prêt de le faire, je ne sai dans quelle esperance. Tacit. Annal. 4.

Chapitre X.

Comment on doit se conduire selon les divers naturels & temperamens des Princes, & par quels moyens on peut introduire quelqu'un à la Cour.

POur faire ces choses avec succés, il est fort necessaire de connoître les inclinations des Princes, qui dépendent de leur Temperament. Les Rois sont faits comme les autres hommes ; on y trouve les mêmes differences & les mêmes varietez, à cela prés que comme ils sont plus puissans que les autres, aussi sont-ils moins les Maîtres de leurs passions, ordinairement plus violentes & moins raisonnables, que celles des particuliers.

Si le Prince est Bilieux, il sera prompt, fier, & sujet à s'emporter ; formaliste, aimant à être respecté, grand ennemi de ceux qui manquent ou qui desobéissent le moins du monde ; impatient à executer, & imprudent à résoudre; méprisant les sentimens de tous ceux qui en ont d'autres que les siens ; insultant volontiers, & redonnant bien-tôt son affection à ceux qu'il a insulté, s'ils ne renouvellent pas la memoire des insultes passées ; mais haïssant ceux qui relevent les vieilles inimitiez, & pour se mettre en état de prévenir ceux qu'il craint, il est attentif à toutes les occasions qui se presentent de leur faire plus de mal.

Ceux qui ont à faire à un Prince de ce caractere, doivent avoir les yeux & les oreilles continuellement ouvertes, pour entendre d'abord le premier signe, & y obéïr sans replique ou sans retardement, de peur qu'en contredisant, le Prince ne vienne à les soupçonner d'arrogance, & à les regarder comme des gens qui paroissent s'estimer plus sages que lui. Ils ne doivent faire aucune difficulté d'accepter les moindres & les plus bas emplois, s'il le faut, quoiqu'ils soient au dessous de leur condition. Qu'ils souffrent les insultes avec patience, & les oublient entiérement. Qu'aprés avoir reçû une injustice, ils n'en soient que plus officieux. Qu'ils ne se vantent point de leur merite, de peur qu'il ne semble que ce soit autant de reproches qu'ils font au Prince ; mais qu'au contraire ils entassent services sur services, de peur que la memoire des passez ne s'efface, & afin que la joye & le plaisir des nouveaux rappelle le souvenir des vieux. Lorsque le Prince est en colere, qu'ils ne l'abordent point : car alors tout lui déplaît & le chagrine, & ceux mêmes qui ont le plus de part à son affection ne lui plaisent pas en tout ce qu'ils disent, ou qu'ils font. C'est par rapport aux Princes de ce caractere qu'on peut dire veritablement, que la familiarité dégenere en mépris ; & c'est pour cela qu'il faut fuïr cette familiarité, je veux même qu'ils nous y follicitent. Le parti de la modeftie & du refpect eft fans contredit le meilleur & le plus fûr: car ces Lions quelque doux & quelque traitables qu'ils foient quelquefois, entreront en fureur dans un autre temps contre ceux qu'ils aiment le plus paffionnément, & qui ont le plus d'autorité auprés d'eux.

Les Princes d'un temperament fanguin font pour la plûpart de bonne humeur, aimant la joie & le divertiffement ; fuïant le chagrin, les affaires ferieufes, & l'embaras des conteftations ; aimant la paix, laiffant le foin des affaires aux Miniftres ou aux Favoris, & ne fouffrant rien moins volontiers que les plaintes. Ils font obligeans, honnêtes, & si quelquefois ils maltraitent quelqu'un, ils ne le font jamais au moins d'une maniére outrée ; ils se souviennent plûtôt du bien qu'ils ont reçû, que de celui qu'ils ont fait ; ils sont complaisans, secourables, & pour la plûpart liberaux.

Lors qu'on est avec un Prince de ce temperament, il ne faut rien oublier de la veneration & du respect ; mais il ne faut parler que tres-rarement d'affaires serieuses. Ceux qui occupent les plus grandes & les plus importantes charges, & qui sont employez dans ce qui regarde l'Etat, ne doivent approcher les Princes de ce caractere, que lors qu'ils sont appellez, ou qu'ils savent qu'ils ne font engagez dãs aucune partie de divertiſſement; car autrement ils courent riſque d'interrompre leurs grandes recréations, & ils auroient une eſpece de honte d'être ſurpris par des gens qui ſeroient peut-être bien aiſes de les voir dans une meilleure occupation. Philippe de Macedoine étant un jour à jouër, on vint lui dire qu'Antipater étoit à la porte : cette nouvelle le chagrina d'abord ; & comme il ſe ſentoit coupable, il cacha ſes dez ſous ſon Oreiller, aïant honte qu'Antipater le ſurprît à un pareil divertiſſement. Avec un Prince de cette humeur, comme ceux qui ont le manîment des plus importantes affaires de l'Etat ſont ſuperieurs aux autres, les autres sont aussi superieurs à leur tour par l'accez libre & familier qu'ils ont auprés du Prince, qui naturellement évite autant qu'il est possible les personnes d'un si grãd serieux. Ceux qui ont de la gayeté & de la moderation, qui aiment le plaisir, qui savent faire les affaires, ne manquent jamais de plaire aux Princes qui sont de cette humeur; pourvû que n'étant plus sous les yeux du Prince, ils ne perdent pas leur autorité avec les autres par trop de facilité & de complaisãce. Il faut donc qu'ils soûtiennent absolument l'honneur de leur rang, car sans cela, la familiarité fait naître le mépris, comme on a déja dit; le mépris produit les querelles sur la moindre apparence d'injure. Et comme le Prince n'aime ni le trouble, ni les querelles, pour se mettre en repos, il prendra le parti d'éloigner celuy qui luy paroîtra le plus coupable.

Un Prince mélancolique est lent à prendre ses résolutions, chagrin, pensif, défiant, ombrageux, pénétrant, & d'ordinaire de mauvaise humeur; parlant peu, & s'embarrassant dans des termes ambigus; dissimulé, plus propre à sonder le sentiment d'autrui qu'à dire le sien; ennemi de la raillerie & de la liberté; aimant la solitude, de difficile accés; n'aimant presque personne, & aimant froidement ceux qu'il aime; sujet à haïr, & si défiant qu'il ne fait société avec personne, avare

& craintif jusqu'au ridicule ; haïssant également ceux qu'il a offensez & ceux qui l'ont offensé ; implacable, vindicatif, & contre lequel on doit être en garde dans quelque retour où il paroisse.

On ne sçauroit être trop précautionné & trop circonspect avec des Princes faits de cette maniére ; on doit sur tout étudier leurs paroles, & consulter par maniére de dire, tout ce qu'on dit, afin qu'on ne dise rien qui surprenne ou qui offense, ni rien que l'on n'ait medité à l'avance. Pour le respect, il vaut mieux en rendre trop, que pas assez ; il ne faut jamais rien contester, à un Prince de ce caractére, ni le presser dans ses irrésolutions, de peur que sa mélan mélancolie étant une fois échauffée, & devenuë colere, son feu ne s'éteigne qu'aprés s'être changé en haine. Lorsqu'on a quelque chose à lui demander; il ne faut pas se rendre importun; s'il nous refuse il faut s'en tenir là, car il n'est pas bon d'accoûtumer le Prince à nous donner des refus, & sur tout un Prince naturellement soupçonneux, qui regardera comme son ennemi celui qu'il aura refusé, & ensuite on aura de la peine, quelque habile qu'on soit à le faire changer de sentiment. Un Prince dont l'esprit est ainsi tourné se souvient longtemps d'une injure, & comme il juge du cœur des autres par le sien; il croit tout le monde aussi malicieux & aussi obsti-

D

né que lui. En un mot les Princes de ce caractére sont les moindres & les plus difficiles de tous, & leur esprit est fort inégal, à cause de la varieté des pensées obscures qui passent & repassent par leur imagination confuse & tenebreuse; ce qui fait aussi que leur conversation est fort incommode.

Le Flegmatique participera de la pesanteur & de la lenteur de la mélancolie; mais comme il est inferieur au Mélancolique du côté de l'esprit, il l'est aussi du côté du chagrin & de la défiance; car son cœur est gelé, par maniére de dire, ce qui fait qu'il ne se défie de personne tant que de soi-même. Il ne fait pas volontiers de grandes entreprises, parce qu'il desespere du succés, & qu'il ne sait comment s'y prendre. Il est chancelant lorsqu'il s'agit de prendre des résolutions, & craintif quand il faut les executer; son esprit est lent & n'a rien de vif, & comme il n'est pas capable de haïr beaucoup, aussi ne peut-il pas aimer beaucoup.

Il faut un Ministre prompt & actif pour suppléer à la pesanteur des Princes d'un tel temperament. Lorsque le Prince a une fois trouvé un Ministre capable de faire ce qui lui avoit parû impossible, cela lui fait connoître la foiblesse de son esprit, & aimer, admirer, & cherir cet homme, comme un Ministre dont il a besoin. Une faveur de cette nature, fondée sur une prétenduë necessité, est la plus durable de toutes. Si nôtre Courtisan se voit une fois dans cet état, qu'il travaille à faire heureusement réüssir les affaires qui paroissoient les plus difficiles, & dont le Prince n'esperoit rien, ou peu de chose, comme a toûjours fait le Cardinal de Richelieu, ce grand Ministre de France, qui fit toûjours en sorte que le Roi se trouvât engagé dans des entreprises si dangereuses, qu'il n'eût sçu sans lui comment s'en tirer.

Que nôtre Courtisan remplisse aussi tout seul, s'il se peut, les plus importans devoirs de sa charge, & qu'il se donne de garde, quelque chose qu'il fasse, de se faire aider par un plus habile que lui. De plus qu'il fasse en sorte de n'être pas trop longtemps absent de la Cour, de peur qu'il ne perde l'affection du Prince; car s'il trouve un autre Ministre plus habile ou plus necéssaire que lui, le premier sera ou moins estimé, ou regardé comme une personne moins utile, & tombera enfin dans le mépris, aprés que son Collegue aura été employé dans deux ou trois affaires, qui lui auront bien réüssi.

C'est ce qui fait que les Courtisans ont depuis longtemps l'adresse, de ne se faire aider que par des personnes qui leur sont de beauconp inferieures en prudence & en vertu, & cela afin que la superiorité de leur Genie soit plus sensible par opposition à celui des autres, & que le Prince étāt environné d'une foule de gens de ce caractére, soit dans l'embarras d'en trouver un qu'il puisse préferer ou opposer à celui qui les produit. D'ailleurs les esprits grossiers sont plus sujets à se débaucher, & plus faciles à corrompre lorsqu'on en a besoin ; mais on ne peut pas esperer la même chose de ceux qui sont égaux ou en naissance, ou en talens, & qui se soûtiennent par eux-mêmes. Ce sont là les differentes inclinations des hommes, ausquelles les Princes ne sont pas moins sujets que les autres ; car ils ont tel ou tel penchant à proportion de l'humeur qui domine en eux.

Chapitre XI.

L'Age, les affaires, l'habitude, & les maladies changent le temperament des Princes, aussi bien que la constitution de leur esprit.

Quoique ces choses soient le plus souvent ainsi, les maximes cependant que nous venons de donner ne sont pas infaillibles & sans exception; car l'âge, l'accoûtumance, & les affaires changent le temperament des Princes, & par conséquent la constitution de leur esprit. Pendant la guerre le Prince cherit les personnes militaires, mais la paix n'est pas plûtôt faite, que leur autorité & leur crédit commencent à vieillir : alors si le Prince panche vers le plaisir, ou qu'il ait quelque autre passion, il sera bien aisé de garder ceux qui peuvent contribuer à son divertissement, ou qui sont en état de l'augmenter.

Pour être convaincu de cette verité, vous n'avez qu'à lire ce que Tacite écrit de Tibere, Annal. 5. *Ses mœurs*, dit ce celebre Historien, *ont été aussi differentes que les conditions de sa vie. Illustre tandis qu'il a été homme privé, ou qu'il a commandé sous Auguste. Pendant que Germanicus & Drusus ont vécu, il a caché ses vices, & fait paroître ses vertus. Depuis mêlé de bien & de mal jusqu'à la mort de sa mere. Couvert dans ses débauches, tant qu'il a craint Sejan, ou qu'il l'a aimé.*

ou le Iourn. de Walsingham. Aprés cela il se laissa aller à toutes sortes de saletez & de crimes, lors que n'ayant plus de crainte ni de pudeur, il suivit simplement son inclination.

Passienus fait un jugement de Caligula, qui me paroît tres-remarquable. Il n'y a jamais eu, dit-il, un meilleur serviteur, & un plus méchant maître. On a de la peine à croire les divers changemens qu'on remarqua en Marius & en Sylla; changement si prodigieux, que Plutarque ne sait si ce fut la Fortune qui changea leurs inclinations, ou si elle ne fit seulement que produire au jour leur méchanceté qu'ils avoient auparavant pris soin de cacher. Pour moi je suis persuadé qu'ils ne changerent point de naturel; mais qu'ils ne firent qu'abatre le masque dont ils s'étoient couverts, pendant que la crainte & la mediocrité de leur fortune les y avoient obligez. C'eſt là précisement ce que Leontius dit de Zenon, *qu'un Serpent gelé ne fait point de mal; mais si vous le rechauffez il mordra.*

Triphon, comme dit Joseph, fit le personnage d'un homme de bien, pendant qu'il fut simple particulier, en vûë de gagner le peuple; mais il ne fut pas plûtôt Roi qu'il leva le masque, & fit voir incontinent, que toute la vertu qui avoit paru en luy, étoit une vertu forcée & contrefaite. Il en fut presque de même d'Agamemnon, s'il eſt vrai ce qu'en écrit Euripide, qu'il fut modeste, affable, & de facile accés avant que d'être Generalissime des Grecs ; mais qu'aprés il devint ennemi de ses amis, & inaccessible à tous, se tenant toûjours enfermé, & par ce moyen il devint si desagréable & si choquant, que ce qu'en dit le Poëte merite bien d'être rapporté. *Ceux-là sont sages, dit-il, qui n'ont rien perdu de leur premiere modestie aprés être parvenus aux grandes charges.* Sentence excellente, mais dont peu de gens profitent. Il semble que Pollion ait veritablement suivi cette belle maxime, si nous en croyons Seneque. *Etant parvenu, dit-il, au faîte des honneurs, rien ne fut capable de le corrompre, ni de luy faire perdre la moindre cho-*

se de sa premiere modestie : jamais la prosperité ne l'enfla, & quelque chose qui luy soit arrivée, jamais on ne l'a trouvé dans une situation d'esprit, qui dérogeât à la reputaion qu'il s'étoit deja acquise.

Il est constamment vrai, que les défauts & les tâches des Princes, viennent pour la plûpart de l'orgueil, qui est la suite de la grandeur. C'est l'orgueil qui leur fait méprifer le conseil d'autruy, & qui leur persuade vainement qu'ils surpassent autant les autres hommes en prudence, qu'en puissance. Il y en a même qui vont si loin qu'ils croyent qu'il est au dessous d'eux de se tenir dans les bornes des Loix & de la Raison, & s'imaginent qu'ils ne seroient pas Princes, s'il ne leur étoit permis de faire tout ce qu'ils veulent, selon le sens de ces deux vers. *La vertu, la verité, la foi, &c. ne font pas faites pour les Rois, qui font en droit de faire tout ce qu'il leur plaît.*

Ie ne ferois pas si surpris que des sentimens de cette nature ne corrompissent que les plus foibles & les plus méchans Princes. Ce qui me surprend davantage est de voir que les meilleurs se laissent aussi aveugler par les charmes trompeurs de la puissance & de la domination. Personne n'a jamais encore été plus loin que les sept Sages de Grece en matiere de préceptes de modestie; & jamais il n'y eut de plus terribles Tirans que ceux de ces Sages qui parvinrent au Gouvernement. Appian étant obligé de parler d'Ariston, comptoit un assez bon nombre de gens, qui pour avoir porté le nom de Philosophes, n'avoient pas laissé de joüer à Athenes le rôlle des Tirans. Il nomme aussi des Pithagoriciens mêmes, qui étant parvenus au Gouvernement en Italie, abuserent extrémement de leur puissance. Et c'est ce qui me fait douter si la plûpart de ces Philosophes, qui méprisoient avec tant d'ostentation les honneurs & les dignitez, le faisoient tout de bon, ou si ce n'estoit seulement qu'un manteau pour couvrir leur peu de merite, leur pauvreté, & leur faineantise. Si nous en croyons Aristophane il est certain que s'ils vivoient frugalement &

petitement, c'eſtoit moins par vertu, que par neceſſité, & qu'ils ne refuſoient pas de ſe trouver aux Regals magnifiques, toutes les fois qu'ils y étoient invitez.

Chapitre XII.

Les Impoſteurs peuvent faire beaucoup de mal en flatant les Princes, & comment le Prince doit être en garde contre ces gens-là.

LEs Impoſteurs à la faveur de la flaterie, & de je ne ſai quelles maniéres cachées & ruſées, ſe gliſſent comme des Serpens dans le ſein des Princes, & corrompent leur naturel par leur funeſte poison. C'est à ces gens que Tacite impute l'orgueil & la cruauté de Vitellius. Ce fut des mêmes gens que Vespasien, quelque bon que fût son naturel, apprit à opprimer ses Sujets par de gros impôts, comme dit le même Historien. En un mot il est certain que plusieurs Princes qui se sont servis de ces sortes de gens, ont beaucoup degeneré. Ces Imposteurs cherchent à se mettre en faveur en apprenant au Prince les moyens de rehausser leur grandeur, & leur puissance, & d'avancer leurs intérêts. Le Prince de son côté leur prête l'oreille d'autant plus volontiers, qu'il se connoît moins soi-même, & ne considere pas que ces gens ne le louënt &

ne l'aupplaudiffent, que pour le faire enfin méprifer, & l'expofer à la haine de fes Sujets. Et à dire vrai le moyen le plus fûr de trahir le Prince, eft de flater & d'encenfer fa cruauté, fon avarice, & fon impudicité; car il ne peut condamner le Traître, fans découvrir fon crime & fes vices.

Aprés que les Franconiens eurent chaffé Claudius Comatus leur Roi par le fecours d'Egidius, qui gouvernoit alors les Gaules pour les Romains, un des Amis du Prince dépoffedé fouhaitant de le voir rétabli, va trouver Egidius, & employe toute fon induftrie à flater en toutes occafions fon avarice & fa cruauté qui n'étoient que trop connuës. Qu'en arriva-t-il ? Le

Gouvernement du Romain devint insupportable; les Franconiens commencerent à regretter leur Roi, & le rappellerent enfin. Ainsi ce sage Franconien fit un bon usage de sa flaterie, & fomentant les vices de son Maître, il le livra sans risque entre les mains de ses ennemis. Considerez ce que fit Sejan qui ne respiroit que pour l'Empire Romain. Lorsqu'il vit que Tibere qui par son conseil avoit fait arrêter Agrippine & ses Enfans, s'étoit dégoûté de la Ville, il eut plus d'envie de regner que jamais, esperant qu'aprés que l'Empereur se feroit une fois retiré, on lui confieroit le Gouvernement de l'Empire, & en effet la chose arriva comme il l'avoit crû. Tibere ne fut pendant quelque temps que Prince de la petite Isle de Caprée, & Sejan étoit l'Empereur. Perennius aussi aspirant à l'Empire, commença par surprendre & chasser tous ceux qu'il trouva dans son chemin, sous prétexte d'une conspiration que Lucille avoit formée contre Commode. Ensuite il engage l'Empereur dans les plaisirs, en vûë de s'attirer le maniment de toutes les affaires, & de prendre enfin les Rênes de l'Empire.

Bardas Oncle de Michel, Empereur de Constantinople, prit la même voye: car ayant trouvé moyen de se défaire de Theoctiste son Collegue, & Tuteur comme lui du jeune Prince, il fit ensuite bannir sa Mere, & confe❚❚❚ au Prince de prendre le Gouvernement. Comme la jeunesse de ce Prince le rendoit incapable de gouverner, il ne lui fut pas difficile de l'amuser par la joye & par le plaisir ; de sorte qu'il s'abandonna tout à fait aux divertissemens. Bardas cependant tâche de se faire aimer du Peuple, & pour cet effet il frequente les gens de bien & les Savans, rétablit les Sciences dans la Ville, & fait plusieurs bonnes Loix. Une semblable politique l'eût sans doute élevé sur le Trône Imperial, s'il ne s'étoit pas laissé prévenir par un autre. Je n'allegue pas ces exemples pour apprendre à tromper les Princes, mais pour apprendre aux Princes avec combien de prudence & de circonspection ils doivent faire la différence des Conseils de leurs Ministres, & sur tout combien ils doivent être en garde contre ceux qui les flatent, & qui les applaudissent dans leurs impudicitez & dans leurs vices; & pour leur apprendre enfin à juger favorablement de ceux, qui se donnent quelquefois la liberté de leur faire connoître, qu'ils n'approuvent pas leurs excés.

Chapitre XIII.

Des Familiers & des Domestiques du Prince, & des moyens de les gagner.

Aprés avoir examiné tout ce que le Courtisan doit observer par rapport au Prince même, venons à ses Domestiques, qui à cause des Charges qu'ils occupent sont continuellement autour de sa personne, & qui peuvent être utiles à ceux qui ont des prétentions à la Cour, ou en leur procurant un accés extraordinaire, ou en parlant d'eux à propos, ou en leur apprenant le moyen, le temps, & l'occasion de faire leurs affaires. Il y a plusieurs Princes qui sont tout autre chose en particulier, que ce qu'ils paroissent en public, & qui se confieront & s'ouvriront plus volontiers à ceux de leurs Serviteurs qu'ils croyent fidéles, prévenus qu'ils sont, que la bassesse de leur condition est incapable de trahison, ou de mauvaises pratiques. Mais ils devroient savoir que Claude se laissoit gouverner par ses Affranchis, dont l'un qui s'appelloit Pallas s'étoit si fort enrichi, que l'Empereur se plaignant un jour à quelqu'un de sa pauvreté, on lui conseilla d'adopter Pallas; & de le faire son Heritier. Cet homme persuada si bien Claude qu'il se maria à Agrippine, après s'être défait de Messaline par le secours de Narcisse autre Affranchi.

Qui peut ignorer que pendant que l'Empire d'Orient a subsisté, les Eunuques ont souvent tout gouverné? Si cela n'eût pas été de même, il eût été impossible qu'Arbetion, principal Chef de l'Empire, eût sauvé sa Tête, lorsqu'il fut accusé par Venissimus. Borilus & Germanus, tous deux Esclaves avoient une autorité si absoluë auprés de Botoniates, l'un des Empereurs, qu'ils le mirent mal avec Isaac & Alexis Comnene.

Cependant supposons que le Prince ne communique pas ses desseins à ces gens-la, il est toûjours vrai qu'ils les peuvent découvrir plus aisément que personne. Il est impossible que les Princes soient toûjours masquez dans le particulier. Souvent la foule, & les yeux du public les obligent à étouffer & à cacher des passions, qui éclatent lorsqu'ils sont en liberté & dans le particulier. Je conclus donc qu'il est absolument nécessaire à la Cour, de regarder jusqu'aux qu'aux moindres personnes comme gens qui peuvent nous rendre service. C'est ce qu'Arrian fait voir démonstrativement à Epictete par l'exemple d'Epaphrodite, & de ses deux Esclaves, dont l'un parvint à servir l'Empereur à sa Chaise, & l'autre eut le soin de ses souliers. Epaphrodite, qui peu de temps avant les avoit vendus comme inutiles, rechercha leur faveur, & loüa leur prudence.

La Fortune n'a presque jamais favorisé personne avec tant de profusion, que de ne lui pas susciter à la Cour autant d'ennemis que d'amis, & jamais aussi elle ne l'a si fort abaissée, que de la mettre hors d'état de faire du mal, ou de rendre service. De là vient que Tacite nous dit, que *du temps de Tibere, c'êtoit un grand honneur d'être connu du Portier de Sejan*. Il faut donc qu'un homme sage employe toute sorte de moyens honnêtes pour se faire aimer des Serviteurs du Prince, de quelque condition qu'ils puissent être.

Chapitre XIV.

Comment il faut ménager quatre sortes de Nobles Courtisans, & le moyen de s'en servir; avec combien de prudence nous devons nous ménager avec un Prince inconstant.

DEs Domestiques du Prince nous passons aux Nobles de la Cour. Il y en a de plusieurs sortes. Les uns sont illuſtres par leur naiſſance, mais deſtituez de la faveur du Prince ; les autres ſont en faveur, mais éloignez des honneurs. Il y en a encore qui ont des dignitez & des charges au déla de leur credit & de la faveur qu'ils ont auprés du Prince ; & enfin il en a qui ſont en faveur, & qui occupent les grādes Charges. Il ſe peut faire que l'amitié des premiers ne ſoit pas fort utile à nôtre Courtiſan, cependant il doit avoir pour eux le reſpect & la veneration qu'on doit à leur qualité, de peur que ne pouvant nuire par eux-mêmes, ils le faſſent par le moyen de leurs Amis & de leurs Partiſans ; car outre que les grandes Maiſons ſont ſouvent fort puiſſantes en Creatures & en Partisans, soit à cause du bien qu'elles ont fait autrefois, ou du respect qu'on a pour leur grandeur, les Princes étant changeans de leur naturel, ces grands hommes peuvent remonter, ou sous le Prince regnant, ou sous son Succcesseur.

Archelaüs Roi de Cappadoce negligea de faire sa Cour à Tibere, & de lui rendre, lorsqu'il vint à Rhodes, les honneurs requis, & il s'en trouva fort mal ; car l'Empereur songeant ensuite aux moyens de s'en vanger, prit un autre prétexte, & le fit venir à Rome, où il perit miserablement : cependant l'Historien remarque qu'Archelaüs *ne fit point cette faute par orgueil, mais parce qu'il avoit été* averti par certains Favoris d'Auguste, que pendant que Caius Cesar fleurissoit en Orient, il sembloit qu'il n'étoit pas sûr d'être Ami de Tibere. Nous devons donc regarder ces grands hommes de Fortune comme des gens assez puissans pour nous faire du mal, quoi qu'ils ne le soient pas assez pour nous faire du bien. Et quoi que le Prince les regarde de mauvais œil & les soupçonne, cela n'empêche pas qu'il ne faille les respecter, pour éviter la censure & l'inimitié des autres.

S'il arrive que le Prince vous oppose à quelqu'un de ces grands hommes, & c'est assez l'ordinaire; comme vous ne devez pas refuser la Commission, aussi devez-vous vous y prendre avec beaucoup de méthode & de dexterité, & choisir si bien vôtre temps, que vous puissiez satisfaire le Prince, & justifier vôtre conduite dans l'esprit d'autrui. Il y a des écueils de tous côtez, mais si le Prince vous en presse, & que vous vous tiriez heureusement d'affaire, c'est le moyen d'aller bien loin.

Lors qu'une fois vous vous êtes engagé dans une entreprise de cette nature, il y a deux routes à prendre, suivant le genie du Prince qui vous employe, ou des personnes avec lesquelles vous avez à faire, ou bien selon la conjoncture où vous vous trouvez. Quelques-uns agissent en leur nom d'un bout à l'autre, & le font si hardiment &

avec tant de hauteur, qu'il n'y a que les personnes veritablemét distinguées qui osent leur faire tête, parce qu'on craint d'offenser le Prince, qui approuve, à ce qu'on croit, tout ce que font ou disent ces gens-là. Il y en a d'autres qui prennent une voye plus douce & plus sûre, c'est de suivre continuellement l'intérêt du Prince, & de n'en faire semblant qu'à bonnes enseignes, évitant toutes les occasions de contester, à la reserve de celles qu'ils ont choisies, & dont ils esperent plus de succés, & beaucoup d'avantage pour le Prince & pour le Public.

Il faut bien se donner de garde de n'entreprendre rien dont vous ne puissiez venir à bout ; car outre que le commun juge de tout par l'événement, & croit que la Justice & la Prudence sont toûjours du côté de la Fortune. Si vous échoüez, l'estime & la faveur du Prince que vous avez, diminueront bien-tôt ; & pour effacer la disgrace reçûë, & parce qu'il craint le mépris de ses Sujets, ou de ses Ennemis, ausquels il a voulu vainement faire téte, il prendra le parti de ne plus vous favoriser, ou de vous abandonner tout à fait.

N'allez pas vous imaginer parce que je vous parle de contestations avec ces personnes distinguées, que je vous conseille de vous mêler de ces sortes d'affaires, lors que vous voyez qu'on ne peut s'en tirer sans bruit, ou que je veüille que vous en veniez aux invectives & aux reproches; car c'est le propre d'une ame basse que la Fortune a corrompuë. Il est rare que ces sortes de gens finissent bien. Vous avez sur cela l'exemple de Pison, que Tibere envoya en Syrie pour traverser les esperances & les desseins de Germanicus. Il s'acquitta de sa Commission avec tant d'insolence, que Tibere fut obligé de le sacrifier à la haine publique aprés la mort de ce Prince.

Lorsque je vous conseille de vous opposer à ces grands hommes, c'est seulement lorsqu'ils font quelque injustice, qui intereſſe ou le bien public, ou la Religion, ou la Diſcipline militaire, ou les Finances de l'Etat. Et même dans ces occaſions là il faut agir avec tant de prudence & tant de modeſtie, que tous ceux qui y ont intérêt, & qui ſont honnêtes gens voyent, que vous agiſſez uniquement pour le bien public, & non par un principe particulier de haine ou d'averſion perſonnelle. Si vous voulez un exemple, je ne ſaurois vous en donne un meilleur que celui du Cardinal Ximenes, qu'Iſabelle Reine de Caſtille choiſit pour faire tête aux Grands d'Eſpagne, qui n'étoient pas ſoûmis comme ils ſont aujourd'hui. Dé Moine qu'il étoit de l'Ordre de ſaint François, il fut fait d'abord Confesseur de la Reine, ensuite par l'avis du Cardinal Mendoza, il eut l'Archevêché de Tolede, & devint Inquisiteur Géneral d'Espagne. Il exerça ces Charges avec beaucoup d'autorité durant tout le Regne d'Isabelle & de Ferdinand, & jusques au Regne de Charles-Quint seul Arbitre & Moderateur de toutes les affaires, il fut toûjours aux mains, s'il faut ainsi dire, avec les Grands, & paya de tant de sagesse, qu'il tint dans ses intérêts & le Prince & les Peuples.

On a dit qu'il avoit été empoisonné, & lui-même l'a crû, mais c'est un fait qu'on n'a jamais pû prouver. Il vaut donc mieux dire, qu'il mourut d'une mort naturelle dans une assez grande vieillesse ; en effet il conserva jusqu'à la fin sa fortune & son autorité, qu'il ne devoit qu'à son merite. Chico Simoneta ne fut pas si heureux. Pendant que François Sforce regnoit à Milan, il fut chargé de la conduite des affaires. Ensuite la Mere du jeune Galeas le choisit pour l'opposer aux Freres de son Maître, parce que sa fidelité & son experience dans les affaires publiques lui étoient connuës. Simoneta voulant conserver à Galeas le Duché de Milan, en bannit les Freres de Galeas, & Robert de Saint Severin. On peut assez juger que par ce moyen il se fit beaucoup d'envieux ; cependant il fut lâchement abandonné, car la Veuve Mere de Galeas s'étant reconciliée avec ses Ennemis, Simoneta fut la victime de cette nouvelle amitié. On le mit en prison, où il fut écorché tout vif, & mourut miserablement. Cela doit apprendre qu'il ne faut se fier qu'avec beaucoup de précaution aux Princes de la fermeté de qui on n'est pas assûré. Car souvent pour la moindre chose ils ont accoûtumé de sacrifier leurs Serviteurs à leurs Ennemis.

CHAPITRE XV.

Comment il faut ménager trois autres sortes de Nobles de la Cour, & comment il faut en user avec eux.

IL y a à la Cour, comme j'ai déja dit, une seconde Classe

de Nobles, qui sont en faveur auprés du Prince, mais qui ne sont pas fort considerables ni pour les dignitez, ni pour les emplois. Ceux-ci peuvent nous donner accés auprés du Prince commodément & à propos. De plus ils peuvent nous servir, ou à faire souvenir le Prince de nos services, ou à excuser nos bevûës, s'il nous arrive d'en faire, ou à nous proteger contre les médisances & les calomnies de nos ennemis, & par conséquent s'ils sont veritablement de nos amis ils peuvent nous rendre des services fort importans. Mais au contraire s'ils sont nos ennemis, ils peuvent nous faire trés-grand tort. Nous devons donc employer toute sorte de moyens honnêtes pour avoir l'amitié de ces gens-là ; & nous devons considerer qu'il est rare qu'ils soient long-temps auprés du Prince sans être élevez aux dignitez. Supposé même qu'il y ait des raisons qui les empêchent d'être avancez, ils peuvent par leurs recommandations avancer leurs amis, & les élever au dessus des autres, qui sont ou égaux, ou superieurs en merite.

Les Courtisans de la troisiéme Classe sont ceux qui sont dans les Charges d'autorité, qui ont beaucoup de part aux affaires publiques, & qui neanmoins ne sont pas fort en faveur. On voit ordinairement ceux-ci chez les Princes qui aiment le repos, & le plaisir, qui ne s'embarassent guerés des affaires publiques qu'ils laissent aux soins d'un ou de deux Ministres dont l'habileté & la fidelité leur sont connuës, & qui regardent avec horreur l'embaras & les soins de leur Couronne. A des Cours de cette nature il faut plûtôt rechercher la faveur de ces Ministres, que celle du Prince même. Car comme il leur confie l'administration de ses affaires, il leur laisse aussi le soin de choisir les Officiers, parce que ne sachant pas ce qu'il faut faire, il n'est pas capable de les choisir lui-même.

Il y a d'autres Princes plus jaloux de leur Majesté, & meilleurs ménagers de leur puissance, qui confient le soin de leurs affaires à un ou à deux

Ministres, & qui rarement ou jamais ne les voyent, ou ne s'entretiennent avec eux, que quand il s'agit d'une affaire importante. Auſſi ne leur laiſſent-ils pas la diſpoſition des Charges, parce qu'ils craignent que les Creatures qu'ils ſe feroient par ce moyen, les rendroient ſi puiſſans, qu'ils ne pourroient pas les abaiſſer en cas de deſobéïſſance. Les Princes ſages ont accoûtumé d'inſpirer à leurs Miniſtres une crainte reſpectueuſe, & de leur faire croire qu'ils peuvent en un moment les réduire au petit pied, & les dépoüiller de toute la puiſſance que leurs ſervices & leurs travaux de pluſieurs années leur ont aquiſe. Il eſt difficile de ſe ménager avec des Miniſtres dont l'autorité est si bornée. Leur amitié ne vous est pas de grande utilité; & peut-être même vous sera-t-elle préjudiciable, si le Prince s'en apperçoit. D'ailleurs, ils vous traversent, vous aurez de la peine à parvenir au maniment des affaires, & de plus il faut necessairement que vous couriez risque d'être souvent aux prises avec eux. Il faut donc ici beaucoup de sagesse & beaucoup d'honnêteté. Il faut leur rendre toute sorte de devoirs & de déference, & leur dire avec prudence lorsque l'occasion s'en presente d'elle-même, que vôtre cœur leur est dévoüé. Mais en même temps il faut que vous vous ouvriez vous-mêmes le passage auprés du Prince, & que vous tâchiez de vous mettre en faveur, sans chercher publiquement l'appui de personne, & sans vous reposer sur la protection de qui que ce soit.

Il ne nous reste plus qu'à parler de la derniere Classe des Nobles de la Cour, qui sont en un mot les Favoris, qui sont puissans dans l'esprit du Prince, & qui ont beaucoup de part à l'administration des affaires. Il faut faire à ces gens-là presque autant d'honneur qu'au Prince même. Il faut découvrir ce qu'ils veulent & à quoi ils panchent, car il est plus necessaire de le savoir & de le faire, que si c'étoit le Prince même. On voit ici ce qu'on peut attendre ou esperer de l'autorité &

de la protection des Grands de la Cour, & comment il se faut servir de chacun selon son rang & son espece.

Sur tout il faut bien prendre garde de ne demander rien d'impossible, ou de ridicule, ni au Prince, ni aux Courtisans dont nous venons de parler; car rien n'est plus incommode à la nature humaine, que de ne pouvoir accorder les demandes de ceux que nous aimons ; & certes il n'y a point d'homme quelque bon ami & quelque honnête qu'il soit, qui ne se choque d'une priere malhonnête & deraisonnable. Il faut savoir encore que celui qui vous a fait un pareil refus, ne vous revoit pas avec plaisir, parce qu'il craint que vous ne lui causiez de la confusion par une proposition de la même impudence, & parce qu'il craint aussi qu'on ne s'imagine qu'il manque d'autorité ou de moyens pour faire ce que vous souhaitez. Mais il faut remarquer en passant, qu'on n'a pas tout d'un coup accés auprés des Grands, & qu'il faut se l'acquerir par degrez. Et pour cet effet il faut gagner tous ceux qui ont quelque crédit auprés d'eux, selon l'utilité que nous en pouvons tirer, tant les Etrangers, que les Domestiques, ou ceux qui sont en géneral sous leur dépendance.

CHAPITRE XVI.

Des Courtisans moins considerables; & comment il en faut user avec ceux qui ne nous aiment pas à cause des liaisons que nous avons avec certaines personnes.

Outre les Grands dont nous venons de parler, on en voit encore d'autres à la Cour d'un plus bas rang. Les uns sont plus que nous, les autres sont nos égaux, & peut-être encore s'en trouvera-t-il qui seront nos inferieurs. Puisque nous devons nous servir de ces gens.là, nous les diviserons en deux classes. Les premiers sont ceux qui peuvent nous être de quelque secours, & dont nous pouvons tirer quelque avantage. Les seconds sont ceux qui sont aussi puissans que nous, & qui peuvent nous faire du mal. Il faut peser meurement & avec soin le crédit & le pouvoir des uns & des autres, afin de voir au juste le secours ou les traverses que nous en devons esperer ou craindre. Il faut considerer aussi leurs Amis & leurs Parens, afin que si la necessité nous obligà à rechercher leurs suffrages pour le bien de nos affaires, s'ils nous traversent par un motif d'envie, ou par quelque autre consideration, nous puissions les ramener par le moyen de leurs Amis & de ceux qui sont sous leur dépendance. Mais il faut sur tout prendre garde à ne pas commencer à rechercher leur amitié, lorsqu'il paroît que nous avons besoin d'eux ou de leur secours. Il faut les y avoir préparez à l'avance, & les avoir assurez de la nôtre par une longue protestation d'estime & de bonne volonté. C'est assez pour les premiers, c'est à dire pour ceux qui peuvent nous être de quelque secours, car il n'y a point d'homme à qui le bõ sens n'inspire, comment il doit s'insinuer dans l'esprit de ceux qu'il croit pouvoir lui rẽdre quelque service.

Quant aux seconds, c'est à dire ceux qui peuvent nous nuire, nous en ferons trois Classes, & nous les regarderons ou comme nos ennemis, ou comme nos envieux, ou com comme nos envieux, ou comme nos Competiteurs. Ceux que j'appelle nos ennemis nous haïssent personnellement, ou à cause de nos amis. Cette derniere espece de haine n'est pas ordinairement si forte & si inveterée que la premiere; & nous pouvons la mitiger beaucoup, en leur faisant des civilitez, & en leur protestant que nous pouvons aimer nos amis nonobstant les liaisons que nous avons avec leurs ennemis. Cependant les amitiez de la Cour sont d'ordinaire factieuses & cruelles, & nous portent à rompre tout commerce & toute familiarité, qui peut nous donner de l'ombrage. De là vient que plusieurs se disans amis d'un homme, n'ont pas laissé de s'ac-

Pagination incorrecte — date incorrecte

NF Z 43-120-12

commoder sous main au parti contraire, & de le ménager, non en vûë de trahir leur ami, mais en vûë de trouver un afile & un appui en cas de chûte. Ce n'eſt pas qu'à dire vrai il n'y ait des cas, où ces ſoins qui ne tendent qu'à la conſervation de ſoi-même, ne ſont nullement condamnables; mais au fond c'eſt une trahiſon, & toute trahiſon eſt indigne d'un honnête homme.

Cette prudence a réüſſi non ſeulement dans les brigues de la Cour, mais auſſi dans celles de l'Etat. Cirus & Artaxerxes s'étant déclarez la guerre, Syeneſes préſident de Tharſe, n'oſant ſe declarer contre Cirus, ſe jetta dans ſon parti, & envoya ſon Fils au secours d'Artaxerxes, afin que si Cirus étoit vaincu, il fût un asile pour son pere. Bardus Durus s'étant sauvé d'entre les mains des Sarasins, qui le tenoient prisonnier, & voyant que Phocas avoit été fait Empereur, & avoit pris les armes contre Basile, se rendit ami de Phocas, dont il avoit été ennemi jusqu'alors, & se rangea de son parti: mais il trouva moyen de faire evader son Fils, & de l'envoyer au secours de Basile, afin qu'en cas que Phocas fût défait, le Fils pût interceder pour le Pere, & effectivement cela arriva. Solon fit une loi qui portoit qu'en cas de guerre civile, personne ne seroit neutre; ne prévoyant pas que les amis prenans differens partis romproient leurs amitiez particulieres ; mais esperant au contraire que se trouvant engagez les uns d'un côté, les autres de l'autre, ils travailleroient au repos public avec d'autant plus de zéle & de bonheur.

Sur ce pied là un Courtisan sage & retenu tout engagé qu'il est dans une faction, peut sans blesser la probité s'entretenir avec un ami qui se trouve engagé dans le parti contraire ; & cela pour s'asseurer d'une retraite en cas que sa fortune change. Et si les animositez commencent à s'adoucir, il peut fort-bien servir de Mediateur pour reconcilier les partis. C'est là la voye la plus seure & la plus oüable lors qu'on se trouve engagé dans les querelles & dans les divisions des grands hommes, & c'est le veritable moyen de gagner enfin l'estime & l'amitié des deux partis.

Chapitre XVII.

Comment il faut en user avec ceux qui nous haïssent personnellement. Des menaces & des injures.

Ceux qui nous haïssent à cause de nous-mêmes, le font ou parce que nous les avons offensez, ou parce qu'ils nous ont maltraitez, & c'est ce que font d'ordinaire les Grands à l'égard de ceux qui leur font inferieurs. De là vient le proverbe que *qui of-*

fense ne pardonne jamais. C'est l'ordinaire des esprits enflez de leur bonne fortune d'avoir de l'aversion pour ceux qu'ils ont outragez. Le meilleur moyen de remedier aux outrages que ces sortes de gens nous font, est de faire semblant de n'y prendre pas garde. Mais s'il arrive que la grandeur de l'outrage nous arrache quelques marques de ressentiment, il faut faire semblant de ne se souvenir de rien d'abord que nôtre douleur est passée; autrement s'ils voyent que nôtre ressentiment continuë, la crainte qu'ils auront que nous ne cherchions les moyens de nous vanger, les obligera de nous prévenir, & de nous faire encore plus de mal.

Il faut sur tout se donner de garde de ne pas menacer, à moins que nous ne soyons prêts, & sûrs de frapper le coup. Car les menaces sont autant d'avis à nos ennemis de se tenir sur leurs gardes, & ne servent qu'à les irriter encore davantage, & à nous attirer de nouveaux outrages; outre qu'il ne nous revient que de la confusion à faire mine de vouloir nous vanger, & de n'en pouvoir venir à bout. Je sai que tout le monde n'approuvera pas cette moderation, & sur tout ceux dont la vangeance est la passion dominante, qui croient qu'il n'y a point d'injure dont on ne doive avoir du ressentiment, non seulement parce qu'il est doux de se vanger, mais aussi parce qu'en souffrant qu'un homme vous outrage, vous encouragez les autres à vous maltraiter aussi ; de sorte qu'il faut à leur avis, avoir une haine immortelle pour ceux qui nous offensent. Mais pendant que ces gens veulent se rendre formidables, tout ce qu'ils font, aboutit à obliger tout le monde à fuir leur compagnie. Car puisque les hommes sont sujets à broncher & à tomber, emportez qu'ils sont tantôt par leurs affections, tantôt par leurs passions, chacun doit fuir ces personnes malignes, brutales, & vindicatives, de peur de les offenser, & les laisser dans leur solitude comme des bêtes feroces. Car si quelqu'un les offense, il doit en attendre tout ce que leur rage & leur malice peut leur inspirer. Si l'on choque enfin quelqu'un de ces malins sensibles, comme on s'attend à la severité de leur ressentiment, & qu'on craint qu'ils ne se vangent, on tâchera de les prévenir.

Pour éviter tous ces maux, je crois donc qu'il faut prendre tout une autre route, & qu'il vaut mieux avoir de l'honnêteté & de la douceur. Il n'est pas difficile dans le fond de faire ce personnage, lors même qu'il est question des plus grands outrages, si nous considerons les raisons & les consequences d'un ressentiment passionné, & la condition de ceux qui nous ont outragez. Quant aux injures moins importantes & plus le-

F v

geres que nous voyons qui font un effet de passion, plûtôt que de malice, & un accident plûtôt qu'un dessein prémedité, nous devons si peu nous en formaliser, qu'on ne puisse pas s'appercevoir que nous y soyons sensibles. Si l'outrage est considerable & flétrissant, il ne faut pas faire paroître que nous ne nous mettons du tout point en peine de nôtre réputation ; il faut témoigner de la sensibilité, mais il ne faut pas paroître tellement implacables à l'égard de ceux qui nous ont offensé, que nous leur donnions sujet de croire qu'il n'y a aucune reconciliation à esperer, & que nous ne leur pardonnerons jamais, quelque raisonnable que soit la satisfaction qu'ils nous faſſent. Et pour cet effet il ſera bon de ſe plaindre aux amis de celui qui nous a deſobligé, & de le faire juge de nos differens.

Je crois qu'il faut ſe vanger ſur l'heure des outrages inſultans faits avec inſolence, non pas par un deſir de vangeance, mais pour châtier l'offenſant, & pour lui apprendre à en uſer plus ſagement une autre fois, non ſeulement avec nous, mais encore avec les autres. Mais il ne faut pas auſſi témoigner une haine inveterée pour ceux qui nous ont offenſé de cette maniére, nous devons proteſter au contraire que la neceſſité nous oblige de nous plaindre & de nous vanger, & que l'outrage qu'on nous a fait ne nous permet aucunement de revenir qu'aprés satisfaction reçuë. Cependant s'il arrive qu'ils fassent connoître en particulier qu'ils sont fâchez de nous avoir choqué, ou qu'ils témoignent le moins du monde de revenir à nous, il faut revenir à eux, & recevoir leur satisfaction; & comme ils déclarent qu'ils ne sauroient se passer de nôtre amitié, cette déclaration doit nous tenir lieu de soûmission.

CHAPITRE XVIII.

Comment on peut éviter les outrages des plus & des moins puissans. Comment il faut en user avec les uns & les autres. Des Reconciliations artificieuses.

COmme ces sortes d'outrages se font d'ordinaire par ceux qui sont de beaucoup plus puissans que nous, & qui ont quelque grand avantage sur nous, tout ce qu'on peut faire de mieux pour les éviter, est de traiter ces gens-là avec respect, & autant qu'il est possible ne prendre avec eux aucunes libertez. S'ils sont bizarres ou intraitables, le plus sûr est de fuir tout à fait leur societé. Martial dit là-dessus quelque chose de fort remarquable. *Voulez-vous éviter tout ce qui peut déplaire ? ou cherchez-vous le contentement & le repos ? Soyez réservé avec tout le monde : vous y trouverez moins de joye, mais aussi moins de chagrin.*

Le second moyen est de paroître insensible, comme je l'ai déja dit plus d'une fois ; car il n'est ni sûr ni prudent, de faire assaut avec un plus fort que nous ; & en ce cas l'inégalité des forces fera l'Apologie de nôtre dissimulation. Je sai qu'il y en a qui sont persuadez, que si nous pouvons seulement faire peur à nos Adversaires, cela les obligera d'abord à nous rechercher, & leur fera venir l'envie de se raccommoder. Je ne nie pas qu'il n'y ait de petits esprits capables d'une semblable foiblesse ; mais cette voye est toûjours dangereuse, & l'accommodement qui s'en ensuit est toûjours une reconciliation plâtrée. Si ces gens-là trouvent occasion de nous insulter, rarement, ou pour mieux dire jamais ils ne la laisseront échapper, & ils s'abandonneront à leur inclination, d'autant plus vindicative, que leur reconciliation aura été feinte ; sans compter qu'il est plus difficile de se garder d'un ennemi caché, que d'un ennemi déclaré. Il vaut donc mieux que ces gens-là soient nos ennemis déclarez, que nos amis reconciliez par un motif de crainte. J'entens neanmoins parler de ceux qui ne sont pas plus puissans que nous, & dont la perte de l'amitié ne peut pas nous faire grand mal.

Mais si nous avons à faire à des personnes beaucoup au dessus de nous, & dont l'inimitié puisse nous traverser, il vaut mieux qu'ils soient nos amis, quelque peu sincere que soit leur amitié, que s'ils étoient nos ennemis déclarez. S'ils nous font du mal, il faut tâcher de les appaiser par le moyen de nos amis, comme si nous les avions offensez. Pour connoître ceux qui sont en état & qui veulent nous faire du mal, il faut considerer non seulement leur pouvoir, mais aussi la nature du mal qu'ils nous veulent; car les

uns defirent de fe vanger, &
tournent tout du côté de leur
haine; d'autres agiffent par
un principe de crainte, s'i-
maginant qu'aprés que nous
ferons venus à bout de nos
deffeins, nous ferons plus en
état de leur nuire. Le defir
de vangeance des premiers
eft fort âpre, mais la crainte
des derniers eft fort ordinaire, & fort violente; la caufe
nôtre oppreffion, & par con-
fequent c'eft le mal de tous
que nous devons éviter avec
le plus de foin. On peut ramener un vindicatif en luy
rendant des devoirs & des
refpects continuels; mais il
eft bien difficile, pour ne pas
dire impoffible, de raffeurer
un homme qui craint, & de
l'obliger à nous rendre fon

amitié & sa bonne volonté ; cependant il faut le faire, & employer pour cela tous les moyens possibles. Il n'y a point de regles à donner pour en venir à bout. Un exemple, ou deux vous en apprendront plus que tous les préceptes du monde.

Agesilaüs voulant se racommoder avec ceux qu'il avoit offensé, les mit dans les grandes charges. Il les exercerent mal, & se firent mille envieux, comme il arrive d'ordinaire. Ils furent enfin accusez, & contraints d'avoir recours à la protection du Prince, qui les mit à couvert du peril & s'en fit par ce moyen de fideles & sinceres amis. Il n'est rien de plus ordinaire à la Cour que de supplanter secretement un homme, de peur qu'étant soûtenu de vôtre faveur, il ne devienne vôtre creature. Il n'est pas moins ordinaire de prêter de l'argent pour fomenter le dereglement & la vanité de ceux qu'on veut perdre; & c'est ce qu'Eutrapellus pratiqua finement à l'égard d'Horace. Tout cela fait voir que la plûpart de ceux qui applaudissent à nos voluptez, à nos desirs, & à nos dépenses, & qui nous solicitent à entreprendre des choses deraisonnables, & au dessus de nos forces, ne cherchent qu'à nous perdre.

Retournons maintenant aux moyens de nous reconcilier avec nos ennemis. Ce n'est pas un des moindres d'appuyer les desseins de vôtre ennemi de vos conseils & de vôtre credit, lors que vous voyez que l'heureux fuccez ne vous attire ni traverfes ni préjudice; car il femble alors qu'il doive être de vos amis, parce que vous lui avez rendu fervice. C'eſt ainſi que le Cardinal Afcagne Sforce voyant qu'il s'oppofoit inutilement aux iutrigues du Cardinal. Julian, qui tâchoit d'élever à cette dignité Jean, néveu d'Alexandre fixiéme, prit les intéréts de Jean avec tant de chaleur, qu'ayant réüſſi il en fut plûtôt aimé que Julian. C'eſt ce qu'un grand Politique des fiécles paſſez appelle, *ſe faire honneur de la neceſſité*. Si vous avez à faire à un ennemi tellement opiniâtre, que toutes les avances de reconciliation que vous lui faites soient inutiles, il faut en venir à la derniere ressource, & s'informer s'il n'y a point quelque autre personne qu'il haïsse ou qu'il craigne plus que vous, consolez-vous autant que les circonstances le peuvent permettre, qu'un tel homme soit vôtre competiteur, pourvû qu'il le soit aussi de l'autre, parce qu'il peut arriver qu'ayant encore plus d'aversion pour l'autre que pour vous, ou il favorisera vôtre dessein, ou il vous traversera vôtre dessein, ou il vous traversera plus foiblement.

Gerlachus Archevêque & Electeur de Mayence se servit d'un artifice à peu prés semblable, pour faire élire Empereur Adolphe de Nassau son cousin. Il vit que les Princes qui prétendoient à l'Empire, auquel il étoit question de choisir un Chef, étoient divisez entr'eux. Pour profiter de ces divisions il negocia avec les Electeurs feparément. Il dit à Vvenceflaüs Roi de Boheme, que les fuffrages de la plûpart des Electeurs feroiēt pour le Duc d'Autriche fon ennemi : mais que s'il étoit affuré de la voix de Vvenceflaüs ; il étoit prêt à parer le coup. Ayant donc gagné le Roi de Boheme, il s'attache au Duc de Saxe, & lui dit, qu'il y avoit apparence que le Duc de Brunfvvic fon ennemi feroit fait Empereur : enfuite il affûra l'Electeur Palatin, que Vvenceflaüs, qu'il n'aimoit pas alors, les déconcerteroit tous felon les appaences, à moins qu'on ne le prévint. Ainsi promettant de s'opposer aux ennemis de chacun, il les trompa tous, & fit élire Empereur son parent, qui n'auroit pas manqué d'être rejetté d'un consentemét unanime, s'il avoit d'abord commencé par le proposer.

Chapitre XIX.

De l'envie, & des moyens d'en triompher.

IL faut maintenant dire quelque chose de l'envie: c'est un si grand mal, qu'il faut un bonheur & un pouvoir surprenant pour en triompher; c'est un monstre que rien ne peut assouvir que ce qui le fait naitre; car chacun étant passionné pour ses intérêts fuit par tout la peine, excepté lorsque tout l'honneur & tout le profit ou du moins une grande partie, lui en revient. J'avoüe qu'il est trés-difficile de vaincre l'envie, mais je soûtiens que cela n'est pas impossible lors qu'on paye d'industrie & de prudence. Le seul moyen qu'il y a pour cela n'est pas de partager avec nos envieux le Ciel auquel nous aspirons. Il sufit quelquefois de les persuader que si nous réüssissons dans les choses que nous desirons, il leur en reviendra beaucoup de gloire & de profit. Pour cet effet il faut leur faire nôtre Cour, vivre familierement avec eux, & en user comme avec des amis. Et quoi qu'il soit visible qu'ils

nous

nous regardent avec des yeux d'envie, il ne faut pas laisser de leur témoigner beaucoup d'inclination & d'affection, il faut leur protester que nous ne souhaitons rien tant, que de voir réüssir leurs esperances & leurs desirs, & que nous ne souhaitons l'avantage auquel nous aspirons, que pour être en état de rendre service à nos amis, & principalement à eux. En un mot il faut faire son personnage de maniere que l'avancement de nôtre Fortune leur fasse esperer qu'ils s'avanceront aussi.

Ceux qui veulent se mettre à couvert de l'envie doivent éviter avec soin tout ce qu'on appelle orgueil, somptuosité, festins à contretemps, & vanité. Cette maxime regarde tout le monde, mais sur tout ceux qui sont venus de peu, à moins que le plaisir du Prince, ou la dignité de leurs charges ne les obligent d'en user autrement ; car en ce cas une magnificence honnête leur siera bien, pourvû qu'il paroisse aux yeux du public que la dépense qu'ils font, vient plûtôt de la complaisance qu'ils ont pour le Prince, que de l'envie qu'ils ayent de suivre son inclination. Ce fut cette espece de modestie & de prudence qui fit tant considerer le Cardinal Ximenes, & qui rendit les commencemens de sa Régence si heureux ; car il étoit sorti de parens si mediocres, qu'on a douté s'il étoit Gentilhomme, quoi qu'il ait trouvé des gens qui en faveur de l'élevation de sa Fortune ayent entrepris de prouver sa Noblesse. Le Monde n'étant pas d'abord favorable à Ximenes, il se fit Moine dés ses jeunes ans. Bien-tôt aprés Isabelle Reine de Castille le fit son Confesseur à la recommandation du Cardinal Mendoza, qui connoissoit ses grandes qualitez. En suite il devint Archevêque de Tolede, (comme je l'ai déja dit,) La Reine Isabelle obtint du Pape aprés la mort de Mendoza cet Archevêché pour Ximenes, qui se sentant trop foible pour résister à l'envie que cette dignité ne manqueroit pas de lui attirer, ne voulut pas l'accepter, & le refusa avec tant de fermeté, qu'on eut bien de la peine à le faire changer de sentiment, quoi qu'il y fût sollicité par toutes les personnes considerables de la Cour, qui vinrent les unes aprés les autres l'exhorter par ordre de la Reine d'accepter cette dignité. Et aprés qu'il l'eut acceptée, combien de remontrances & de commandemens ne fallut-il point avant que de le résoudre à vivre avec l'éclat & la magnificence convenable à sa dignité; & aprés méme qu'on l'y eut fait consentir, il reprit son premier genre de vie, nonobstant l'élevation de sa Fortune, & suivit si ponctuellement les Institutions de son Ordre, qu'il ne voulut jamais changer de conduite qu'aprés que le Pape le lui eut expressément commandé.

Cette modestie lui réüssit si bien, qu'il desarma par ce moyen les envieux, & se garentit de l'envie, dont il auroit été accablé sans cela, possedant comme il faisoit une dignité que tous les Grands d'Espagne souhaitoient avec passion, & dont les Revenus n'étoient gueres inferieurs à ceux de la Couronne.

Comme cette conduite est un antidôte contre l'envie, si nous la pratiquons dans la plus grande élevation de nôtre Fortune, aussi n'est-elle gueres avantageuse à ceux qui en ont usé avec insolence & avec orgueil ; car lorsqu'ils s'avisent ainsi de passer du blanc au noir, l'on regarde toûjours la moderation de ces gens-là comme une moderation de commande. L'Histoire de Constantinople nous fournit un exemple de cette verité, lorsqu'elle nous parle d'un Metropolitain nommé Constantin. Cet homme ayant été banni des Cours des deux Empereurs, Isaac l'Ange, & Alexis, y revint quelque temps après avec l'Imperatrice Euphrosine, faisant semblant d'avoir une extrême aversion pour les affaires, & pour les maniéres de la Cour, & pour s'aquerir plus de crédit, & se faire mieux rechercher, il prit les Ordres Ecclesiastiques. En un mot il joüa si finement son rôle, que l'Empereur le fit absoudre du serment de Prêtrise, le fit venir à la Cour, & lui confia le manîment de ses plus importantes affaires. Constantin ne fut pas plûtôt remonté, que ne se contentant pas de son élevation, il trouva moyen de mettre ses deux Freres auprés de l'Empereur, pour lui être autant d'espions, en cas qu'à quelque heure son emploi l'appellât ailleurs. Mais sa premiere prosperité avoit fait connoître son insolence, chacun l'apprehendoit toûjours malgré les belles apparences de moderation dont il payoit alors ; ce qui fit qu'il fut encore supplanté & chassé de la Cour, où jamais depuis il ne fut rétabli.

Chapitre XX.

De l'émulation, & des moyens d'y remedier.

Les remedes qui font bons contre l'envie, le font aussi contre l'émulation, qui veritablement a moins de malignité que l'envie, mais aussi plus d'ambition & de perfidie. Nous devons flater nos competiteurs, & leur rendre certains respects ceremonieux, qui feront dans leur esprit une puissante diversion ; & principalement si nous leur faisons esperer quelque chose de plus grand que ce que nous avons en vûë, & faisons semblant d'y vouloir contribuer de nos suffrages & de nos soins. Il faut aussi parler de ce que nous recherchons côme d'une chose qui est au dessous d'eux, & qui ne convient qu'à nous, parce que comme nous n'avons pas autant de merite qu'eux, nous devons aussi porter nos prétentions moins haut. Si nous apprehendons qu'ils sentent nôtre ruse, il n'y a qu'à les tenir en suspens, & faire semblant de raisonner pour & contre, réservant pourtant les meilleures raisons pour ceux à qui nous voulons donner le change. Mais le moyen le plus sûr & le meilleur est de cacher, s'il est possible, ce que nous avons envie de faire, jusques à ce qu'il ne soit plus au pouvoir de nos ennemis, ou competiteurs de nous traverser.

G v

Trop d'empreffement & de chaleur eft quelquefois odieux, à ceux mêmes qui voudroient nous rendre fervice fi nous nous y prenions avec plus de modeftie. Cet empreffement nous expofe à plufieurs inconveniens, fans compter que fi nous réüffiffons, nos envieux font en plus grand nombre, & fi nous échoüons nôtre difgrace eft plus confiderable & plus fenfible. Il eft donc beaucoup plus fûr, comme j'ai déja dit, de cacher nos deffeins, & de tourner le dos comme les Rameurs au lieu où nous nous propofons d'aller. Ceux qui ont afpiré aux charges de la plus grande autorité ont tous pris cette route. Rien ne leur a été plus ordinaire que de témoigner comme Agamemnon dans Euripide, plus de passion pour le repos & pour la retraite, que pour les honneurs ou pour les emplois. Et plusieurs ont trouvé que c'étoit un remede singulier pour donner le change à ceux qui vouloient les traverser, & pour éviter les disgraces où tombent d'ordinaire les fiers prétendans, & outre cela ils ont même souvent eu la gloire de passer pour des personnes qui ne devoient leurs dignitez qu'à leur seul merite, & qui n'y étoient point parvenus en mendiant ou en achetant les Suffrages, comme il n'arrive que trop souvent.

Il faut enfin prendre garde de n'avoir pas en tête un Rival plus puissant que nous en amis, & en creatures.

Nous devons imiter en cela Marcus Lepidus, que Tacite nous represente comme un homme de grande sagesse. Tibere ayant traîné par manière de dire Lepidus au Senat, pour le faire entrer en concurrence avec Junius Blesus oncle de Sejan, & voir lequel des deux seroit choisi pour être Proconsul d'Afrique, s'excusa d'abord de recevoir cette dignité, sous prétexte que sa mauvaise santé, la jeunesse de la plûpart de ses enfans, & une fille qu'il avoit à marier l'en empêchoient ; ce qu'il fit sans doute parce qu'il eut peur de se faire un ennemi de Sejan, s'il enlevoit cette Province à Blesus. Il ne faut pas non plus traverser opiniâtrement celui qu'un Grand tâche d'avancer, quoique la Loi soit pour nous & contre lui ; parce qu'indubitablement la faveur l'emportera sur la Loi. Tacite nous fournit sur cela l'exemple de Germanicus & de Drusus, qui firent créer Preteur Haterius Agrippa, quoi que la Loi l'en exclût expressément. Mais écoutons l'Historien lui même: *Il y eut des contestations pour l'élection d'un Preteur en la place de Vipsanius Gallus. Car les deux enfans du Prince portoient Haterius Agrippa parent de Germanicus. Les autres se fondoient sur la Loi, qui prefere celui qui a le plus d'enfans. Tibere voyoit avec plaisir dans cette fameuse dispute, ses enfans égalez aux loix. La justice, sans doute fut vaincuë, mais de* peu de Sufrages, & aprés une longue réfistance, comme elle l'étoit autrefois, lors que les Loix étoient en vigueur.

CHAPITRE XXI.

Comment on peut éviter la ruine dont on eſt menacé, & lors que le coup eſt fait comment on en peut tirer tout le bien qui peut en revenir. Exemple de la chûte des grands hommes.

NOus avons parlé jufques ici des principales Maximes que nôtre Courtifan doit fuivre. S'il y en a quelqu'une de defectueufe, la prudence & l'habileté de tout homme raifonnable, (car c'eſt feulement ceux de ce caractere que nous nous propofons d'inftruire) y fuppléeront. Mais comme ces maximes ne font pas moins neceffaires pour conferver nôtre Fortune à la Cour, que pour la faire, il ne fera pas mal à propos de donner ici quelques exemples de ceux qui font tombez du haut de leur puiffance & de leur grandeur, s'il faut ainfi dire, afin que le malheur d'autrui nous rende fages s'il fe peut, & nous apprenne, finon à éviter nôtre perte, au moins à nous y préparer & à nous mettre en état de défenfe. Le dernier eft prefque auffi neceffaire que le premier; car les efforts de ceux qui tâchent d'éviter le malheur qui les menace, font pour la plûpart vains & inutiles; au lieu que ceux qui s'y préparent de longue main rendent leur chûte moins fenfible & moins douloureufe qu'elle ne le feroit fans cela.

Nous tombons, ou par nôtre faute, ou par l'artifice de nos ennemis, ou par le mauvais naturel du Prince, ou peut-être par fa mort. Si tous les hommes font fujets à manquer & à faire une infinité de bevûës, à plus forte raifon ceux qui font dans l'élevation font fujets aux mêmes foibleffes, & d'autant plus fujets, que leur grandeur les met au deffus de la reprehenfion, & que tous ceux qui font autour d'eux font obligez d'approuver tout ce qu'ils font, foit bien foit mal. De toutes les fautes qu'il leur arrive de faire, la plus lâche est, de se soûlever perfidement contre le Prince, auquel ils sont redevables de toute leur gloire & de toute leur puissance : crime marqué des couleurs de la plus noire ingratitude, qui porte les caracteres de l'ame la plus lâche & la plus perfide, & qui est aussi le plus juste sujet de la haine & de l'indignation du Prince. Tous ceux qui sont en autorité doivent fuir jusqu'à l'ombre même d'un crime de cette nature, & pour n'avoir aucun sujet d'ombrage de la part du Prince, ils doivent fuir les dignitez & les emplois, où se font d'ordinaire ces sortes d'attentats.

Paterculus croit que Sejan a été l'un des plus sages Courtisans qui fut jamais, & à dire vrai il y a apparence, que celuy qui se soûtint si long-temps dans les bonnes graces d'un Prince aussi subtil, & aussi défiant que l'étoit Tibere, en usoit avec beaucoup de prudence & de modestie. *Il aimoit ses aises en apparence*, dit nôtre Auteur; *il ne prenoit rien sur soi, & obtenoit tout par ce moyen; il s'humilioit volontiers plus qu'on n'eût voulu qu'il se fût humilié, & tâchoit d'avoir toûjours moins de reputation que les autres; son air & sa conduite étoient calmes & tranquilles, quoique son esprit fût toûjours en mouvement.* Cependant l'ambition s'empara si fort de cet homme tout sage & tout prudent qu'il étoit, qu'il porta ses desirs jusqu'à l'Empire. Pour cet effet Drusus étant mort, il épousa Livia sa Veuve, afin qu'étant ainsi lié à la Maison des Cesars, il pût plus facilement venir à bout de ses desseins. Et quoiqu'il démêlât au travers des tergiversations dont usoit Tibere, lors qu'il luy demandoit son consentement, que ce Prince avoit conçû des soupçons contre luy, il ne changea pour cela ni d'esprit ni de conduite; au contraire lors qu'un moyen ne luy avoit pas réüssi, il en cherchoit incontinent un autre.

Il ne s'apperçût pas plûtôt que Tibere s'étoit lassé du sejour de la ville, qu'il fomenta son dégoût, & luy persuada de se retirer dans l'Isle de Caprée. Voici comme en parle Tacite, Annal. 4. *Comme il craignoit*, dit-il, *que l'honneur qu'on lui rendoit ne l'exposât à l'envie, ou n'affoiblît sa puissance s'il le rejettoit*, il résolut de porter Tibere à demeurer à la campagne. Il consideroit les grāds avantages qu'il pourroit tirer de cette retraite ; il voyoit que personne ne pourroit parler au Prince que par son moyen ; qu'il seroit maître des dépêches que les soldats porteroient ; que l'Empereur déja vieux & relâché dans sa solitude, se déchargeroit plus aisement sur luy des soins de l'Empire ; il voyoit qu'il diminueroit l'envie, quand on ne le verroit plus entouré d'une foule de Courtisans, & s'ôteroit enfin une fausse image de grandeur, pour aquerir une grandeur veritable. En effet il ne fut point trompé dans ses esperances, car en peu de temps il s'empara de toute la puissance de l'Empire sous ombre de vouloir soulager Tibere de l'embaras des affaires que son âge ne pouvoit plus porter.

Cependant l'évenement fit voir, que la route que Sejan avoit prise étoit tout ensemble & longue & perilleuse. Ce fait est assez important pour meriter des reflexions plus particulieres, afin que les Courtisans apprennent à ménager plus sagement leur fortune, & les Princes à élever leurs Favoris avec plus de précaution. Tibere aima ou souffrit patiemment Sejan, tant qu'il crût pouvoir s'en servir utilement pour opprimer Agrippine, & ses enfans Neron & Drusus. Commission dont Sejan se chargeoit d'autant plus volontiers, qu'il savoit que c'étoit le veritable moyen non seulement d'aquerir la faveur du Prince, mais aussi d'affermir son autorité, & de faire réüssir ses desseins, car ne restant que deux jeunes Princes de la Maison de Cesar, qui supposé qu'ils parvinssent à l'Empire, se trouveroient necessairement obligez à cause de leur trop grande jeunesse, de luy confier l'autorité & le maniment des affaires, en attendant que l'occasion se presentât d'usurper l'Empire même.

Mais combien l'ambition nous aveugle-t-elle & nous transporte? Sejan tout habile qu'il étoit, ne vit pas, que plus il s'approcheroit du faîte de la grandeur ; plus il deviendroit suspect à ce Prince ombrageux, qui cherchoit déja tous les moyens de l'abaisser, & non pas d'élever celui qui de son côté travailloit de toutes ses forces non seulement à se maintenir, mais encore à monter plus haut. Car quoi qu'il ne lui manquât que le nom d'Empereur, dont quelques-uns ne firent pas difficulté de le régaler, & l'autorité des Tribuns, que l'Empereur n'avoit jamais confié à personne, il ne fut neanmoins pas content, mais tâcha d'augmenter tous les jours son autorité. Comme il se rendit par ce moyen venerable à tous les autres, aussi devint-il formidable à Tibere même. Car lorsqu'il vit qu'il avoit gagné non seulement les Gardes Prétoriennes, mais aussi plusieurs des Sénateurs, & des principales Familles de Rome, ou par des bienfaits, ou par des promesses, ou par des menaces; lorsqu'il s'apperçût aussi que ses propres Domestiques révéloient ses secrets à Sejan, sans lui rien dire de ceux de ce Favori, il résolut de le perdre, car il le regarda dés lors comme son Rival. Mais avant que d'en venir là, il crut qu'il étoit à propos de sonder l'esprit de ceux qui étoient à sa suite, afin d'en pouvoir choisir qui approuvassent son dessein.

Pour faire accroire à Sejan qu'il étoit toûjours le même dans l'esprit de Tibere, il le
nom

nomme Conful, & l'appelle fon ami & le compagnon de fes travaux, auffi bien dans les Lettres qu'il lui écrit, que dans celles qu'il adreffe au Senat, & au Peuple. Il contrefait enfin le malade, pour découvrir par ce moyen l'intention de Sejan & de plufieurs autres. Tantôt il écrit au Senat que fa fanté fe rétablit, & qu'il reviendra bien-tôt en Ville ; tantôt il louë, tantôt il blâme Sejan; tantôt il reçoit ceux qu'il lui recommande, & tantôt il les renvoye; & cela pour le tenir en fufpens entre l'efperance & la crainte, & l'obliger ou à compter toûjours fur fa faveur, ou à craindre de perdre le fuccés qu'il fe promettoit de fes efperances, en vûë de le déterminer à n'en-

H

treprendre rien de violent, dans l'esperance que le temps effaceroit les dégoûts du Prince, supposé qu'il en eût. Sur ces entrefaites plusieurs de ceux qui avoient encensé à la Fortune de Sejan, & non à Sejan même, s'étant apperçûs que Tibere chanceloit, commencerent à se ménager avec plus de précaution, & à lui faire leur Cour avec plus de froideur.

Tibere s'étant donc apperçû depuis long-temps de l'orgueil & de l'insolence de Sejan, craignant d'ailleurs que se sentant méprisé, il ne se portât à quelque coup de desespoir, fit publier, qu'il vouloit lui conferer la puissance des Tribuns; & immédiatement aprés il envoya ordre de l'arrêter, & pour cet effet il écrivit des Lettres au Senat, dont Macron Capitaine des Gardes fut le porteur. On ne les eut pas plûtôt reçûës, qu'on communiqua le dessein du Prince à Memmius Regulus, qui étoit alors Consul, car l'autre étoit plus dans les intérêts de Sejan : on en fit part ensuite à Grecinus Laco, Capitaine du Guet; ce qui fut fait avant le point du jour. Comme Macron s'en alloit de là au Senat, il rencontra Sejan, qui fut surpris de le voir, & lui demanda s'il lui avoit apporté des Lettres de Tibere. Macron lui dit à l'oreille, qu'il seroit à midi salué Tribun ; & sur cela il entra au Senat, non sans une secrette joye. Macron commanda aux Gardes Prétoriennes de se retirer, & pour cet effet il leur fit voir l'ordre de l'Empereur, qui leur promettoit aussi une liberalité. Les Bandes Prétoriennes s'étant retirées, & la Compagnie de Laco ayant pris leur place, Macron entre au Senat, & rend ses Lettres. Il sort incontinent aprés sans en attendre la lecture, pour donner ordre à Laco de se tenir bien sur ses gardes, de peur que Sejan faisant du tumulte dans le Senat, ne s'échappât, n'allât aux Gardes Prétoriennes, & ne les empêchât de rien entreprendre.

Les Lettres qu'on lisoit alors firent la ronde, & circulerent si long-temps, que Macron eut tout le loisir qu'il falloit pour mettre ordre à ses affaires. Elles étoient parfaitement bien imaginées. On ne parloit au commencement d'aucune affaire, ni de rien qui regardât Sejan. Un peu aprés on en touchoit quelque chose en termes fort fins & fort delicats; ensuite on entrelassoit quelques autres choses ; aprés quoi suivoit une accusation mieux expliquée contre Sejan, mais au fond fort legere. Enfin aprés plusieurs digressions sur les affaires de la République, suivoient les noms de deux Favoris de Sejan, contre lesquels le Senat avoit ordre de proceder, & de s'assûrer de plus de Sajan même. On avoit affecté de ne rien dire de sa mort, à dessein de lui faire esperer qu'on lui laisseroit la liberté de se justifier des crimes dont on l'accusoit, qui n'étoient en apparence que des minuties.

Aprés la lecture des Lettres, plusieurs de ceux qui l'avoient accompagné au Senat, voyant qu'il s'agissoit d'autre chose que de le créer Tribun, se leverent & l'environnerent de peur qu'il ne se sauvât ; ce qu'on croit qu'il auroit au moins tâché de faire, si les lettres de l'Empereur avoient d'abord fulminé contre lui. Sejan méprisant alors toutes ces minuties reprend sa place. Le Consul Memmius lui ayant dit deux ou trois fois de se lever, il obéit enfin avec peine, parce qu'il étoit accoûtumé à donner les ordres, & non à les recevoir. Aprés qu'il se fut levé, Laco le suivit de fort prés:

aprés Laco venoit Regulus, accompagné de plusieurs autres Senateurs, qui le conduisirent depuis le Senat jusques à la prison, d'où il sortit bientôt aprés pour aller au supplice.

Voilà comme finit un grand homme de Cour, & un Favori, qui n'a presque jamais eu son pareil en puissance & en artifice. Quoiqu'il semble qu'on ne doive imputer sa chûte qu'à la prudence de Tibere, il est neanmoins vrai qu'on doit plûtôt l'attribuer à la grandeur & à la prosperité de ce malheureux, sous le poids de laquelle il fut si visiblement accablé, que les ruses & les artifices de Tibere furent fort inutiles, & n'avancerent sa perte que de quelques mois.

On peut en juger par l'exemple de Perennius, qui afpiroit à la même grandeur que Sejan, & qui fut renverfé par Commode, qui n'étoit pas à beaucoup prés auffi habile que Tibere. Peut-être y en aurat-il plufieurs que ces exemples ne fraperont point, parce qu'ils s'imagineront être plus fages que les autres, & en favoir plus que n'en favoient ceux dont la difgrace eft icy dépeinte. Je ne veux point émouvoir leur Bile en leur difant ce que j'en penfe; mais je ne veux pas auffi nier qu'il n'y ait dans les fiecles précedens des exemples de Gens, dont les deffeins n'ont pas eu un fuccés fi malheureux, comme celui de Boïlas, dont nous lifons l'avanture dans l'Histoire de Constantinople. Cet homme ayant été convaincu d'avoir conspiré contre l'Empereur Constantin Monomaque, ne fut pas puni aussi severement qu'on punit d'ordinaire les crimes de cette espéce. Pourquoi cela ? parce qu'il eut le bonheur d'avoir à faire à un Empereur qui avoit de la douceur & de la clémence.

Il ne sera pas mal à propos d'entrer icy dans le détail de cette avanture, & de le faire en peu de mots. Ce fait est fort propre à nous faire voir que la divine Providence découvre souvent d'une maniére imperceptible les conseils les plus secrets, & les plus impenetrables aux yeux des hommes ; & que quelque précaution qu'on prenne il n'est pas possible de se dérober à la peine. Personne n'auroit jamais crû, que Boïlas eût eu dessein de faire une pareille lâcheté, ou qu'il eût pû même avoir sujet de songer à rien de tel. Il recevoit bienfaits sur bienfaits, & outre qu'il ne sembloit pas propre aux grandes entreprises, son bon Prince croyoit avoir sujet d'être assûré de sa fidelité par les faveurs singulieres dont il le combloit. Il étoit non seulement d'une naissance obscure, mais il avoit encore la langue tellement embarassée, qu'on ne l'entendoit qu'avec peine. Comme il voyoit que son begayement plaisoit à l'Empereur, il fit ensuite le begue à dessein. Il se rendit si familier auprés du Prince par le moyen de cette flaterie, que la chambre & le cabinet de Constantin lui étoient toûjours ouverts. Enfin le Prince l'ayant enrichi, il fut mis au nombre des Senateurs, & commença de porter ses pensées plus haut. Son ambition devint si outrée & si demesurée, qu'il se résolut d'assassiner le Prince pour s'ouvrir par ce moyen le chemin du Trône. Il commença par se déclarer à ceux qu'il savoit ennemis de l'Empereur ; il promettoit des trésors infinis à ceux qui approuvoient son dessein, & qui luy offroient leurs services : il loüoit beaucoup le zéle & la fidelité de ceux qui le desapprouvoient, & qui ne vouloient pas le favorifer, & faifoit femblant d'être l'efpion de l'Empereur, & de ne faire ces fortes de propofitions, que pour découvrir l'intention de fes fujets.

Par ce moyen il fe décria tellement dans l'efprit de tout le monde, qu'il n'eut pour luy que ceux qui avoient trempé avec luy dans la même trahifon : cependant il eût enfin executé fon abominable deffein, fi dans le moment même qu'il avoit les armes à la main pour égorger l'Empereur, un des confpirateurs touché tout à coup d'un remords de confcience, n'eût à propos découvert le complot, & empêché le coup. L'Empereur eut tant de patience, & regarda cet attentat avec tant de tranquillité, qu'après avoir condamné quelques-uns des conspirateurs, il se contenta de bannir le chef & l'auteur de la conspiration.

Il nous faudroit trop de temps si nous voulions parler ici de tous ceux qui ont entrepris de pareilles trahisons, & qui ont été découverts; ou qui tout innocens qu'ils étoient ont été crûs coupables, & ont fait à la Cour un triste naufrage. Mais contentons-nous de ce qu'on a déja dit, & faisons seulement cette remarque en finissant, que tout ce qui s'appelle orgueil, soit qu'il déplaise au Prince par ambition, par vanité, par reproches, par médisance, par ostentation, ou par quelque autre maniére de vivre pompeuse & magnifique, est le grand chemin pour se perdre.

Chapitre XXII.

Exemples sur les vanteurs, sur la présomption, sur l'arrogance, sur la trop grande familiarité, sur l'orgueil, & sur la perfidie.

C'est en se vantant & en parlant de ses services passez, que Philotas & Clytus se perdirent à la Cour d'Alexandre le Grand : Craterus aussi pensa se perdre par la même voye. Il est certain qu'il eût été beaucoup plus agreable au Prince, s'il fût demeuré dans les bornes d'une genereuse modestie. Il en arriva de même à Cajus Silius sous Tibere; à Antonius Primus sous Vespasien; & à Sillas sous Agrippa, car ils se ruinerent tous en se vantant de leurs services, & se priverent eux-mêmes de tout le fruit qu'ils auroient pû en recueillir. C'est ce que nous dit Tacite au sujet des deux premiers, Annal. 4. Hist. 4. Et Joseph en dit autant du dernier. Les Princes regardent comme des faveurs perduës, celles qu'ils font à ces grands vanteurs, car ils veulent qu'il paroisse que leurs Sujets ne tiennent tout ce qu'ils ont que d'eux & de leur bonté, & non de leur vertu & de leurs merites.

On doit prendre bien garde de ne pas reprendre les Princes, ou de ne pas médire d'autrui devant eux: c'est un défaut qui approche fort de l'arrogance & de la présomption, & qu'il faut éviter avec soin. Eumenes se plaignant devant Alexandre avec un peu de violence, qu'Ephestion assignoit les Quartiers des Soldats à des Musiciens, à des Comediens, & à telles autres gens de ce caractere, ne plût pas à ce Prince.

Avoir trop de familiarité avec le Prince, ou vouloir paroître qu'on est le seul arbitre de ses principaux soins, est un défaut qui sent l'orgueil, & qui n'est pas de meilleur goût Cependant il se peut faire que ce n'est qu'un effet de vanité & d'avarice, comme il paroît par l'exemple de Zotirus, Favori d'Heliogabale, & par celui de Turinus, qui n'étoit pas plus méchant que Zotirus, & qui fut pourtant plus malheureux, puis qu'Alexandre fils de Mammea eut ordre de l'étouffer de fumée, & de faire crier, *que celui qui a vendu de la fumée, perisse par la fumée.* Il avoit accoûtumé de se vanter, que le Prince se conduisoit par ses conseils, & se fourant ainsi dans les lieux où le Prince se retiroit, & ne parlant en public que de la faveur où il croyoit folement qu'il étoit, il se fit rechercher par une infinité de gens, & amassa de grandes richesses par le moyen des presens que lui firent ceux ausquels tout le credit qu'il avoit auprés du Prince ne pouvoit pas valoir un denier.

L'arrogance de Plancianus est aussi fort memorable. Elle étoit accompagnée de beaucoup de vanité, aussi dégenera-t-elle en perfidie déclarée. Son arrogance alla si loin, qu'il ne fit point difficulté d'en venir aux prises avec Bassianus, fils de l'Empereur, auquel il étoit redevable de sa dignité & de sa Fortune. Il vint encore jusqu'à un tel excés de vanité, que passant par la Ville, il vouloit non seulement empêcher que personne ne l'approchât, mais ne vouloit pas même souffrir qu'aucun le regardât, & pour cet effet il faisoit aller ses Huissiers devant pour nettoyer les ruës de tout ce qu'ils verroient. Enguerrand de Marigni, Comte de Longueville eut l'effronterie de donner un démenti à Charles de Valois, qui lui demandoit compte des Finances qu'il avoit administrées sous le Regne de Philippe le Bel. On peut voir dans les Histoires de France combien une audace de cette nature attira de malheurs & à lui & à ses amis.

Il faut se donner de garde sur toutes choses, de ne nous pas amuser à la Cour à faire courir la pomme de discorde parmi les Princes & les Grãds; car ils se racommodent, & ces sortes de gens sont le plus souvent les victimes de leur reconciliation. Les Histoires de toutes les Nations sont remplies de pareilles avantures, & celle de Baviere entr'autres nous en fournit un exemple trés-memorable, c'est celui de Otho Crondoserus. Il étoit en grande faveur auprés de

Rodolphe Electeur Palatin, & fut la cause des grandes broüilleries qu'il y eut entre ce Prince & sa Mere. Ces mesintelligences durerent quelque temps ; mais enfin la Mere & le Fils s'étant raccommodez, il en coûta les yeux & la langue à celui qui les avoit mis mal ensemble.

CHAPITRE XXIII.

Il faut prendre garde de conserver non seulement la faveur du Prince, mais aussi les bonnes graces de ceux qui sont en crédit.

IL ne suffit pas que les Princes n'ayent aucune aversion pour nous, il faut aussi se bien entretenir avec ceux qui sont en faveur. Germanicus en mourant donna à sa Femme un conseil, dont Tacite parle en ces termes, Annal. 2. *Alors se tournant vers Agrippine, il la conjure par le souvenir de Germanicus, & par l'amitié qu'elle porte à ses enfans, de rabattre un peu de cette grandeur de courage, de plier quelque tems sous l'insolence de la Fortune, & de prendre garde, qu'étant de retour à Rome, elle n'irritât les plus puissans par la jalousie de sa gloire.* Agrippine ne suivit pas ce conseil, d'où s'ensuivit sa ruine & celle de ses enfans. J'ai déja dit comment Eumenes commença d'être moins en faveur auprés d'Alexandre. Aprés avoir médit d'Ephestion, il perdit le respect au Prince, & fit connoître l'envie qu'il avoit contre celui qu'il accufoit.

Lorfque nous voyons donc quelqu'un en faveur, nous devons pefer avec foin fon autorité, & la mettre en balance, s'il faut ainfi dire, contre la nôtre, pour favoir au vrai laquelle pefe le plus. Dans un examen de cette nature, il ne faut pas tant obferver les apparences exterieures, que les circonftances des caufes interieures. Craterus & Epheftion furent tous deux également en faveur auprés d'Alexandre le Grand, jufques à ce que ce Prince eût décidé la chofe, & en eût appellé un l'ami du Roi, & l'autre l'ami d'Alexandre.

Craterus pouvoit conclure de cette décifion, que comme

la plûpart des Princes aiment mieux leur volonté que leur autorité, aussi aiment-ils mieux ceux qui adorent & qui servent Alexandre, c'est à dire leur personne, plûtôt que leur Fortune & leur qualité de Roi. Quoi-qu'il arrivât quelque temps aprés un nouveau démêlé entre Craterus & Ephestion, où toute la Cour prit parti, & où il parut qu'Alexandre ne panchoit pas plus pour l'un que pour l'autre, puisqu'il les menaça tous deux de les punir, s'ils venoient jamais à se rebroüiller, il est neanmoins vrai que la maniére dont il en usa, prouve plûtôt la grande prudence de ce Prince, que tous les autres Princes doivent imiter, que l'égale affection qu'il avoit pour ses deux Favoris. Il apprehenda que leur division ne fût cause de grands tumultes & de grands maux; car il savoit que Craterus avoit beaucoup de credit dans l'esprit des Macedoniens, & n'ignoroit pas qu'Ephestion ne fût en butte à l'envie à cause de l'affection qu'il avoit pour lui. Pour moderer donc l'envie qu'on avoit contre Ephestion, il le censura publiquement, & pour ne pas chagriner les Macedoniens, il blâma Craterus en particulier.

Entre ceux qui se sont grossierement trompez à juger de la faveur du Prince par rapport à eux, & par rapport aux autres, Antonius Primus doit être mis au premier rang. Il eut l'audace de faire assaut avec

avec Mutianus, mais il apprit enfin qu'il auroit mieux fait de s'en prendre à Vespasien lui-même. Ainsi vous voyez que l'exemple de toutes les Cours fait voir, *qu'il est plus dangereux d'offenser les Favoris, que les Princes mêmes.* Dio nous en dit la raison, aprés nous avoir appris que la même chose arriva à Sejan. *Comme ceux qui se sont élevez*, dit cet Auteur, *par leur vertu & par leur merite, ne se mettent gueres en peine des vaines ceremonies, & des formalitez exterieures du point d'honneur : ceux au contraire qui tâchent à s'élever par ambition, par orgueil, & par des moyens malhonnêtes, veulent cacher leur malhonnêteté & leur bassesse, & d'abord ils expliquent mal un manque de forma-*

lité, & regardent la negligence de la moindre ceremonie, comme un mépris, & comme une marque du peu de respect qu'on a pour eux. De sorte qu'il est plus difficile de conserver l'amitié de ces gens-là, que celle du Prince même ; car il croit qu'il est glorieux & digne d'un Prince de pardonner les injures ; au lieu que les autres se servent de leur autorité empruntée, même jusqu'à l'ostentation, pour persecuter ceux qui les ont offensez, de peur qu'on ne croye qu'ils pardonnent ce qu'ils ne peuvent vanger.

Chapitre XXIV.

Exemples sur l'orgueil au sujet des personnes de la naissance la plus obscure; comme aussi sur la perfidie de ceux qui trahissent les secrets du Prince.

Non seulement les personnes considerables se sont perduës par des maniéres insolentes & à contretemps, mais aussi les personnes les plus obscures. Jean Roi d'Arragon aima si fort Alvarez de la Lune, que sans se mettre en peine du mécontement de tous les Nobles, il luy confia toutes ses affaires, & même la puissance royale. Mais l'éclat de sa prosperité, & l'élevation de sa fortune, l'ayant rendu fier & présomptueux jusqu'à faire precipiter & massacrer un Gentilhomme qui l'avertissoit de son devoir au nom du Roi, il fut ensuite decolé par ordre de sa Majesté. On fait aussi d'ordinaire naufrage à la Cour, lors qu'on s'attire, ou qu'on attire au Prince la haine des grands Seigneurs, ou des peuples; car ou le Prince se défait volontiers d'un tel homme, pour ne pas s'exposer à l'envie, ou les autres ne le quittent jamais qu'ils ne l'ayent ruiné. Un jour Cleandre arma les Gardes Prétoriennes contre le peuple Romain du tems de Commode. Il en arriva tant de desordre à Rome, & ce fut la cause de tant de trouble, que si l'Empereur n'eût pas sacrifié Cleandre à la fureur du peuple, il n'auroit pas été luy-même en sûreté.

Le même Commode se rendit odieux à tout le monde à cause de l'affection qu'il avoit pour un certain Anterus. Quelques Domestiques de Commode desirans avec passion, que leur Maître se rétablît dans l'amour de ses sujets, depêcherent cet Anterus comme il venoit de la Cour. L'Empereur Arcadius aima long-temps Eutrope, mais il ne le crût pas plûtôt l'auteur de la sédition que Tribigilde avoit excitée, qu'il l'abandonna aux ennemis, & fit la paix aux dépens de sa tête.

Il reste encore à parler de deux maux qui ruinent les Courtisans ; maux d'autant plus dangereux, qu'ils font tres-frequens, c'est de trahir le secret des Princes, & de conspirer avec leurs ennemis: ces crimes qui le plus souvent viennent de perfidie, viennent aussi quelquefois de legereté & d'imprudence seulement. Quant aux secrets du Prince, je crois qu'on fait parfaitement bien de ne vouloir pas les penetrer, ni même les savoir simplement, à moins que vôtre charge ne vous y oblige : car si vous en êtes le seul dépositaire, & qu'il arrive que la renommée, qui fait souvent de sages conjectures, repande quelque chose de semblable, il est impossible que vous ne soyez soupçonné d'avoir éventé le secret du Prince: & quand même il s'en seroit ouvert à quelqu'autre, il peut arriver ou qu'il ne s'en souvienne pas, ou qu'il croye cet autre plus secret que vous; & par ce moyen tout retōbe sur vous.

Ce ne fut pas sans raison que le Poëte comique Philippides, étant interrogé par le Roi Lisimachus, ce qu'il vouloit qu'il lui communiquât de sa grandeur, tout ce que tu voudras, répondit Philippides, hormis ton secret. Apprenons par l'exemple de cet homme, autant qu'il nous est possible, à regarder comme quelque chose de plus sûr, d'ignorer les secrets du Prince, que de les savoir, puisqu'il y a tant de peines & tant de perils à essuyer. Hieron Tiran de Siracuse avoit accoûtumé de dire, que ceux qui reveloient les secrets des Princes se faisoient tort à eux-mêmes, aussi bien qu'à ceux ausquels ils les communiquoient, puisqu'ils les exposoient par là, & s'exposoient aussi eux-mêmes à la haine du Souverain.

Chapitre XXV.

Exemples des conspirations, de leurs causes, & de leurs especes.

DE tous les états, il n'y en a point de plus perilleux ni de plus délicat, que celui de ceux qui poussez par un principe d'avarice, ou d'ambition, ou par le desir de se mettre à couvert, s'engagent dans des conspirations avec les ennemis du Prince, soit étrangers ou domestiques. Louis XI. Roi de France fit Baléus, Fils d'un Tailleur, Surintendant de ses Finances ; ensuite il devint Evêque , & enfin, soit à la sollicitation du Roi, soit que le Pape voulût obliger un homme qui avoit été son plus cruel ennemi , il fut élevé à la dignité de Cardinal. Quelque temps aprés il fut convaincu d'avoir conspiré avec les ennemis du Roi, & fut relegué au Château de Loches, où il demeura prisonnier douze ans entiers, aprés lesquels le Pape Sixte cinquiéme à force de prieres obtint son élargissement avec beaucoup de peine. Le Cardinal du Prat commit le même crime sous François I. & subit aussi la même peine. Il n'eût peut-être jamais été mis en liberté, s'il n'avoit dupé ses Medecins en leur faisant croire qu'il étoit travaillé d'une retention d'urine. Le Roi craignant le ressentiment du Pape, si le Cardinal mouroit en prison, le fit relâcher. Pierre de Vineis premier Conseiller de l'Empereur Frederic second perdit les yeux, pour avoir été soupçonné d'entretenir correspondance avec le Pape Alexandre troisiéme, ennemi de l'Empereur.

On a crû que ce qui fut cause de la mort de Stilicon, ne fut pas seulement d'avoir eu dessein de se saisir de l'Empire d'Orient, mais aussi d'avoir eu des intelligences secrettes avec Alaric Roi des Goths:

Soupçon dont la paix honteuse qu'il fit avec Alaric contre le gré de l'Empereur, sembloit être la confirmation. Lampadius qui déclamoit perpetuellement contre cette paix, l'appelloit un contrat d'esclavage, & non un traité de paix, parce que l'Empereur étoit obligé de payer tribut aux Barbares.

Chapitre XXVI.

Qu'un Courtisan ne doit pas être l'Auteur d'un conseil perilleux. Des divers manquemens qui font perdre la faveur du Prince.

LE Courtisan à la direction duquel nous destinons ce Traité, doit sur tout prendre garde à n'être jamais l'auteur des conseils où il y a du risque; car on impute d'ordinaire au malheureux Conseiller les conseils qui réüssissent mal, & ceux qui réüssissent bien demeurent toûjours sur le compte du Prince, à la prudence ou à la fortune duquel on fait tout l'honneur. Cela se fait non seulement par le Vulgaire, qui ne juge de tout que par l'èvenement, mais aussi par le Prince même, qui est toûjours bien aise d'avoir quelqu'un sur lequel il puisse rejetter les fâcheuses suites d'un projet échoüé, & qui ne veut partager avec personne la gloire de ceux qui ont un succés heureux. Long-temps avant & aprés la mort de Stilicon, le sujet des plaintes publiques étoit la paix honteuse que ce Ministre avoit faite avec les Gots. Mais Olympius, qui avoit été la cause de sa perte, voulant se mettre en reputation par des moyens tout contraires, rompit la Tréve avec Alaric sous prétexte qu'elle étoit injuste. La guerre qui luy réüssit mal fit oublier Stilicon, & les peuples regarderent alors Olympius comme la cause de toutes leurs miséres. Il fut enfin accusé par les Eunuques, qui avoient beaucoup de crédit auprés de l'Empereur, & se vit contraint d'abandonner la Cour, & de s'enfuir en Dalmatie.

Lors qu'il s'agit de commencer une guerre, ou de rompre une paix ; le parti que doit prendre un sage Ministre, est de raisonner pour & contre, & de laisser au Prince à se déterminer comme il jugera plus à propos. Si on le presse d'opiner, le plus sûr sera de pancher à la paix, à moins qu'il n'y ait une invincible necessité de faire la guerre, ou qu'il n'y ait un avantage visible. C'est ce que fit sagement Jovius qui succeda à cet Olympius dont nous venons de parler.

Quoiqu'il eût plus de panchant pour la guerre, comme étant le vrai moyen de se rendre plus necessaire à l'Empereur; cependant selon le sentiment de quelques Politiques il préfera la paix à la guerre, aprés qu'il se fut abouché avec Alaric à Arimini, où il avoit été envoyé pour entrer en conference avec ce Prince, Il envoya à Honorius les propositions d'Alaric, & lui conseilla par d'autres lettres qu'il luy écrivit feparément, d'offrir le commandement de fon Armée à Alaric, s'il vouloit le rendre plus raifonnable pour le refte. L'Empereur n'en voulut rien faire, parce qu'il ne trouva pas de fûreté à confier la force de fon Empire à un Etranger, qui avoit été jufques là fon ennemi, & répondit qu'il aimoit mieux luy payer Tribut.

Jovius ayant lû ces lettres à Alaric, ce Prince fâché de voir qu'Honorius ne vouloit ni de fa perfonne, ni de fon amitié, rompt les conferences, & Jovius s'en retourne à la Cour. Honorius piqué au vif de l'insolence de son ennemi, jura *qu'il ne feroit jamais de paix avec Alaric*, & fit faire le même serment à ses Ministres & à ses Generaux. Ainsi Jovius d'un même coup de tête se mit à couvert de l'envie que n'auroit pas manqué de luy attirer la rupture de la Tréve, & faisant sa Cour à Alaric d'avoir eû intention de luy rendre service en conseillant à l'Empereur de luy donner le commandement de ses Armées, il engagea Honorius dans une guerre, par le moyen de laquelle il affermissoit merveilleusement sa puissance & son autorité. Les Histoires sont pleines de tant de ces sortes de fautes qui ont fait perdre aux Courisans la faveur de leur Prince, qu'il seroit difficile de parler de toutes. Comme nous avons parlé des principales, nous laissons le reste à la sagesse & au discernement du Lecteur judicieux.

Chapitre XXVII.

Des artifices des Courtisans à se supplanter, soit en procurant des emplois éloignez, soit en faisant rappeller à la Cour ceux qui les ont exercez avec applaudissement.

Nous avons déja vû comment un Courtisan peut perdre par sa faute les bonnes graces de son Prince ; parlons maintenant des moyens dont ses ennemis ont accoûtumé de se servir pour le supplanter. Ils sont de trois sortes ; car ou ils tâchent de l'éloigner de la Cour sous quelque honnête prétexte; ou ils le rendent suspect & odieux au Prince; ou enfin ils l'obligent par la force ouverte à l'éloigner.

Quant aux premiers, comme il y a differens moyens, aussi y a-t-il differentes fins. On persuade les uns à se retirer de la Cour, ou par des motifs d'honneur qui n'en ont que les apparences, ou par le desir d'être avec leurs amis. Ce fut le moyen dont Styppiota se servit finement du temps de Manuel Comnene, pour écarter Hagiotheodorita qui étoit en son chemin, & qui l'embarassoit. Quelques broüilleries étant survenuës entre Michel Paleologue & Joseph Balsamon, Styppiota fit croire à l'Empereur, que si l'on donnoit le Gouvernement du Peloponese à Hagiotheodorita, il termineroit les démêlez de ces personnes considerables. Hagiotheodorita souhaitant de secourir son parent accepte le parti ; ne songeant pas que Styppiota s'étant une fois défait de son Rival, auroit seul le manîment des affaires, comme effectivement la chose arriva.

Il y en a aussi qui fatiguez des querelles & des oppositions de leurs ennemis, s'accommoderont volontiers d'un emploi honnête pour avoir un prétexte de se retirer de la Cour. C'est ce que fit Agrippa, comme nous l'apprenons de Vellejus Paterculus, qui dit qu'il passa en Asie sous prétexte d'un emploi confiderable, mais à la verité dans la feule vûë de fe retirer de la Cour, où il avoit, à ce qu'on dit, contre Marcellus des mécontentemens particuliers.

Du vivant de Cajus Cefar, Tibere fe retira à Rhodes, fous ombre d'y vouloir continuer fes études, & par le moyen de fa Mere (ce font les propres termes de Suetone) *il obtint pour derober la connoiffance de fa difgrace, d'y être envoyé par maniére de dire, en qualité d'Ambaffadeur d'Augufte.* Si vous manquez de prétexte pour que celui que vous voulez éloigner fe retire volontairement, & regarde fa retraite comme une grace, il faut perfuader le Prince de lui dōner quelque charge, sous ombre que personne n'est si capable que lui d'en bien remplir tous les devoirs. Si dans les Provinces éloignées il y a quelque homme considerable & puissant, & qu'il ait des envieux qui veulent s'en défaire, il faut tâcher de le faire venir à la Cour, comme étant necessaire auprés de la personne du Prince ; afin qu'étant confondu par ce moyen dans la foule des Courtisans il ne brille plus avec le même éclat.

Polybe nous apprend que ce fut l'artifice dont se servit Apelles pour dépoüiller Tauriō de Gouvernemēt du Peloponese. Darius fit la même chose par le conseil de Megabysus, lorsqu'il rappella Hyesteus d'Ionie, non qu'il eût aucun besoin de sa presence, quoi que c'en fût le prétexte; mais il en usoit ainsi pour affoiblir son autorité. Si les Courtisans vouloient se contenter d'éloigner les autres pour les avancer, & qu'ils n'allassent pas plus loin, ces artifices à les comparer à de pires, auroient quelque chose de supportable; mais la plûpart n'en demeurent pas là. Ammian Marcellin nous dit, que Sylvanus Général de l'Infanterie passa en France par ordre d'Arbetio pour châtier les Barbares qui insultoient les Gaulois. Lorsqu'il y fut arrivé, il se mit en grand crédit chez ce Peuple, & s'y enrichit : Arbetio en étant jaloux le perdit enfin dans l'esprit de l'Empereur.

Ursicin General de la Cavalerie eut presque la même destinée sous le même Empereur. L'Eunuque Eusebe & quelques autres Courtisans avoient conspiré sa perte; de sorte que pour l'éloigner de la Cour, on l'envoya pour quelque expedition sur les frontieres de Perse; où ayant demeuré dix ans on luy envoya pour successeur Sabinian, qui n'avoit ni la tête, ni l'experience qu'il falloit pour une semblable charge. Sur ces entrefaites le bruit s'étant répandu tout à coup que les Persans se préparoient à la guerre, il eut ordre de demeurer, quoiqu'on eût déja donné le commandement à un autre. Eusebe fit courir ce bruit à dessein, afin que quelque avantage qu'on remportât sur les Persans, l'on en donnât tout l'honneur à Sabinian, & qu'on mît sur le compte d'Ursicin tous les revers qui pourroient arriver, ce qu'on fit, comme l'évenement le montra. Car Ursicin dégradé pour les fautes d'autruy, se retira, & finit le reste de ses jours en simple particulier. Le Regne de cet Empereur nous fournit encore un autre exemple. Rufin oncle de Gallus, Capitaine de la Garde fut chargé d'aller appaiser les Troupes qui s'étoient mutinées, & cela en vûë qu'il pourroit être la victime de la rage des mutins. A peu prés comme Clytus qui se plaint qu'Alexandre l'avoit envoyé pour la même fin contre les Sogdiens.

CHAP.

Chapitre XXVIII.

On calomnie les gens pour obliger le Prince à les soupçonner, ou à les haïr.

CE que nous venons de dire suffit pour faire voir la nature des premiers moyens dont les Courtisans se servent pour supplanter leurs ennemis, & pour les ruiner dans l'esprit du Prince. Venons maintenant aux seconds, qui sont d'inspirer au Prince des soupçons & de l'aversion contre eux par le moyen des calomnies. Il y a deux choses à remarquer dans la calomnie. La premiere, s'il suffit de calomnier un hôme pour luy faire perdre la faveur du

Prince ? La seconde, si la calomnie est probable ; Quant à la premiere, nous en devons juger par l'état present des choses, par l'humeur & par l'inclination du Prince, & par la nature de la calomnie méme. Il n'y a point de calomnie qui déconcerte plus les personnes considerables, que celle qui nous accuse d'avoir conspiré contre la personne du Prince, ou contre son Etat, d'avoir dédaigné & méprisé ses commandemens, & d'avoir porté jusqu'à sa personne la médisance & la derision.

On donne la vrai-semblance à ces sortes de calomnies, non seulement par les paroles & par les actions des accusez, & de leurs domestiques, de leurs amis, & de leurs parens, mais aussi par des lettres supposées. Joignez à cela le penchant du Prince trop disposé à croire la calomnie, ou enclin à mal juger des accusez, sur tout s'ils ont déja donné lieu à quelques soupçons, L'accusé a dit ou fait de son pur mouvement les choses dont la calomnie lui fait un crime, ou il y a été poussé par l'artifice de ses ennemis, ou de ses concurrens. La connoissance & la pratique de ces sortes de méchancetez aiguisent l'esprit par maniere de dire, de ceux qui sont attentifs à profiter des occasions, & qui savent comment il faut s'en servir avec adresse.

Il y a des gens qui vous mettront des projets en tête, à

dessein de nous en faire un sujet de calomnie si nous y donnons, & de nous accuser de mauvaise intention auprés du Prince. Il y avoit un certain Magicien nommé Santabarenus, autant aimé de Basile Empereur de Constantinople, qu'il étoit haï de Leon son Fils. Ce Magicien donc voulant perdre ce jeune Prince, luy rédoit tant de respects contrefaits, & une déference tellement hipocrite, que l'ayant enfin gagné, il se mit en grand credit auprés de lui. Ayant ensuite aquis sur son esprit une autorité absoluë, il prend son temps & avertit Leon, de porter un poignard pour s'en défendre, lorsqu'il iroit à la chasse avec son pere. Leon ayant donné dans le piege, l'imposteur alla dire aussi-tôt à Basile que son Fils Leon avoit résolu de monter sur le Trône par un parricide, & que pour preuve de son crime, on lui trouveroit un poignard caché qu'il portoit toûjours, en attendant qu'il trouvât occasion de faire son coup. Enfin le dénoüement de l'affaire fut, que le jeune Prince ayant été foüillé, & s'étant trouvé saisi du poignard, il demeura prisonnier; & quoique toute la Cour intercedât pour lui, sa vie fut en peril, & ce ne fut pas sans peine qu'il la sauva.

Sous le regne de Valentinien, Ælius accusa le Comte Boniface, Gouverneur d'Afrique, & Favori de l'Empereur, & fit croire à Placidie Mere de l'Empereur qu'il manquoit de fidelité pour le Prince; qu'il avoit dessein de se rendre Souverain de l'Afrique, & qu'ainsi l'on devoit le rappeller au plûtôt. Il écrit en même temps à Boniface, & lui donne avis qu'il avoit été accusé, & que c'étoit pour cela qu'on le rappelloit. Qu'ainsi s'il aimoit sa sûreté, il devoit sôger aux suites que pouvoit avoir son retour. Boniface le crût, & lui obeït si bien, qu'étant résolut de faire tête à ceux qui voudroient le réduire par les armes, il appella à son secours Gontaire Roi de Valladolid, & Genseric son Fils, qui regnoient alors en Espagne, & qui prirent occasion de là de se rendre maîtres de la Mauritanie.

Quelque temps aprés la fourbe ayant été reconnuë, les intereſſez eurent permiſſion d'en venir au combat, afin que la verité fût mieux éclaircie. Ælius fut vaincu, & puis enſuite banni de la Cour.

Ce fut à peu prés la ruſe de Samona, que Leon Fils de l'Empereur Baſile aimoit, parce qu'il avoit découvert la trahiſon de Baſile parent de l'Impératrice Zoa. Samona réſolu de perdre Andronicus, Général de l'Armée deſtinée contre les Sarrazins, le fit avertir par un ami de ſe donner garde d'Hymerius, qui partoit pour aller luy crever les yeux; la peine qu'on infligeoit alors aux Grands qui s'étoient rendus trop puiſſans & trop formidables: Andronicus croyant l'avis veritable, quitte Hymerius, se saisit d'une place forte, & s'y retire. Samona ne manqua pas d'exagerer à l'Empereur l'action d'Andronicus, & fit tant qu'on envoya une Armée pour l'assieger. Il fut forcé, & reduit au desespoir, il se vit contraint d'abandonner les limites de l'Empire, & de s'enfuir chez les Sarrazins. Nous avons déja parlé d'Arbetio, revenons-y encore, & remarquons comme il ajoûta fraude sur fraude. Comme il vit que l'Empereur étoit mal satisfait de Sylvanus, il craignit qu'il ne vint à Rome, & ne se justifiât des crimes dont il étoit accusé. Pour prévenir le coup, Arbetio donne les lettres de l'Empereur qui portoient ordre à Sylvanus de se rendre en Cour, à un de ses Emissaires nommé Apodenius, qui ne rendit point les lettres lors qu'il fut arrivé en France, & qui dit au contraire à Sylvanus suivant les instructions de son Patron, qu'il étoit perdu sans ressource; de sorte que Sylvanus se rebella, ne voyant que ce seul moyen de se sauver, & confirma par sa rebellion les calomnies d'Arbetio.

Il y a trop long-temps que nous n'avons rien dit de Sejan. Comme il étoit habile en l'art de tromper, les fourbes dont nous venons de parler lui étoient fort ordinaires. Pour jetter des défiances dans l'esprit de Tibere, & luy faire apprehender l'ambition d'Agrippine, il se servit même des parens & des amis de cette Princesse, & par de mauvais discours qu'on fit courir, on les porta à reveiller son ambition, qui n'étoit déja que trop grande. Pendant qu'on empoisonnoit ainsi l'esprit d'Agrippine, Sejan fit accuser d'adultére Claudia Pulchra Cousine Germaine de la Princesse par Domitius Afer. Cette Femme altiere & passionnée s'en plaignit à Tibere avec tant de hauteur, qu'elle confirma beaucoup les soupçons de cet Empereur, soupçonneux. Non content de cela, & résolu de perdre entieremét cette Princesse imprudente & affligée, il suborne des gens qui se faisant de ses amis l'avertissent, que Tibere avoit résolu de l'empoisonner, & qu'elle se donne de garde de manger avec luy. Agrippine trop credule donne dans le paneau, & refuse du fruit que Tibere veut lui servir, ce qui mit l'Empereur en grande colere. Agrippine & ses enfans étant gardez par des soldats, le même Sejan pratiqua des gens pour lui conseiller de s'enfuïr en Allemagne, ou de se refugier à la Statuë d'Auguste, & d'implorer là le secours du Senat & du peuple.

Sejan ruina entierement Titius Sabinus ami d'Agrippine par les mêmes voies lâches dont il s'étoit servi contre elle. Et comme ce fait est digne de consideration, rapportons ici sans y rien changer la description que Tacite en fait, *Annal.* 4.

,, Le Consulat de Julius Si-
,, lanus, & de Silius Nerva,
,, eut un commencement fu-
,, neste, par l'emprisonnement
,, de Titius Sabinus Cheva-
,, lier Romain des plus illu-
,, stres, & qui depuis la mort
,, de Germanicus avoit toû-
,, jours continué à rendre ses
,, devoirs à sa Famille ; seul
,, de tous les amis de ce Prin-
,, ce, qui n'eut point abandon-
,, né Agrippine & ses enfans
,, dans leur disgrace, & pour
,, cela haï des méchans & ai-
,, mé des gens de bien. Ce-
,, pendant quatre Senateurs
,, conjurent sa perte, Latinus
,, Latiaris, Porcius Cato, Peti-
,, lius Rufus, & Marcus Op-
,, sius, tous quatre Prétoriens,
,, ambitieux du Consulat, qui
,, ne pouvoit s'obtenir que par

la faveur de Sejan, ni la fa-"
veur de Sejan que par un cri-"
me. Latiaris fut élû chef de "
l'entreprise à cause qu'il avoit"
quelque accés auprés de Sa-"
binus. Les autres demeurerẽt "
pour servir de témoins & de "
complices. Il comméce à l'en-"
tretenir d'abord des discours "
ordinaires, & puis se met à "
loüer hautement sa constãce, "
de ce qu'il ne faisoit pas cõme"
les autres serviteurs de cette "
Maison florissante qui l'a- "
voieut abandonnée dans sa "
disgrace. Il ajoûtoit à cela des "
loüanges de Germanicus, & "
déploroit aussi la misera- "
ble condition d'Agrippine. "
Et comme les hommes sont "
tendres dans leurs mal- "
heurs, Sabinus ayant laissé "
couler quelques larmes, "

„ & joint ses plaintes aux sien-
„ nes ; il commence à blamer
„ ouvertement l'orgueil, l'am-
„ bition, & la cruauté de Se-
„ jan ; sans épargner même Ti-
„ bere. Cet entretien criminel
„ lia peu à peu entre eux une
„ tres-étroite familiarité. Dé-
„ ja Sabinus visitoit plus sou-
„ vent Latiaris, & versoit avec
„ plus de liberté ses déplaisirs
„ dans son sein. Cependant les
„ conjurez delibererent entre
„ eux de l'ordre qu'ils tien-
„ droient à l'execution de leur
„ entreprise. Car pour empê-
„ cher les soupçons de Sabi-
„ nus, il faloit garder quelque
„ apparence de solitude aux
„ lieux où il frequentoit. De
„ se cacher derriere la porte, il
„ étoit trop dangereux, par-
„ ce qu'on pouvoit faire du

bruit & être apperçû. Trois "
Senateurs donc par une in- "
vention aussi honteuse que "
leur crime, se cachent dans "
le plat-fond de la chambre, "
& prêtent l'oreille aux fen- "
tes & aux ouvertures. "

Cependant Latiaris ren- "
contre Sabinus dans la ruë, "
& comme s'il eût eu quelque "
chose à luy communiquer, "
le mene dans sa maison, le "
remet sur leurs discours or- "
dinaires, & lui donne des "
apprehensions de l'avenir "
avec quelque vrai-semblãce. "
Sabinus bien loin de lui "
contredire, confirme ce qu'il "
avoit dit; & comme d'ordi- "
naire les miserables aiment "
à se plaindre, il s'arrête as- "
sez long-temps sur le recit "
de ses malheurs. Là-dessus "

,, les conjurez instruisent leur
,, accusation, & par des lettres
,, qu'ils écrivent au Prince,
,, lui découvrent leur fourbe
,, & leur honte. L'affaire étant
,, divulguée dans Rome, ja-
,, mais il n'y eut plus d'éfroi,
,, ni plus d'inquietude. Les
,, choses mêmes inanimées
,, donnoient de la crainte ; on
,, a peur des planchers & des
,, parois ; tout est suspect, les
,, parens, les étrangers, l'entre-
,, tien, les compagnies, le siléce,
,, la solitude. L'Empereur écrit
,, une lettre au Senat, où aprés
,, les vœux ordinaires à l'ou-
,, verture de l'année il s'em-
,, porte contre Sabinus, l'ac-
,, cuse d'avoir corrompu quel-
,, ques-uns de ses Domesti-
,, ques ; pour attenter à sa per-
,, sonne ; & en demande as-

fez ouvertement la vangean-"
ce. "

Aussi-tôt le Criminel est "
condamné & traîné au sup-"
plice, s'écriant autant que "
peut faire un homme qu'on "
tient à la gorge, *si c'étoient* "
là les premices de l'année, & "
les victimes qu'on immoloit à "
Sejan? Par tout où il jette "
les yeux, & où l'on peut "
entendre ses cris, on aban-"
donne les ruës, les carre-"
fours, les places publiques. "
Quelques-uns retournent "
sur leurs pas, de peur que "
leur fuite ne fût criminel-"
le, & craignãt même pour "
la crainte qu'ils avoient "
témoignée. Quel temps, dit-"
on, sera exempt de suppli-"
ce, si le premier jour de "
l'an, parmi les vœux & "

„ les sacrifices, en un temps
„ même où les paroles profa-
„ nes font défenduës, la corde
„ & les chaînes font permises?
„ Que ce n'étoit pas fans
„ quelque miftere que Tibere
„ s'expofoit à une fi grande
„ envie ; qu'il préparoit les
„ efprits à quelque chofe de
„ grand & d'extraordinaire,
„ afin qu'on ne s'étonnât pas
„ de voir les nouveaux Con-
„ fuls, ouvrir en même temps
„ les Temples & la prifon. L'e-
„ xecution fut fuivie des re-
„ mercîmens de Tibere au
„ Senat, pour avoir ôté du
„ monde un ennemi de la Ré-
„ publique.

Chapitre XXIX.

Exemples d'autres trahisons où des témoins ont été subornez, & des lettres supposées.

JE ne saurois m'empêcher de produire un autre exemple tiré du même Historien. Annal. 2. *Firmius Catus Senateur, intime ami de Libon, flatoit ce jeune imprudent d'ambitieuses esperannes, & lui voyant un esprit capable d'en concevoir de vaines & d'imaginaires, l'entretenoit des promesses des Caldéens tant qu'il le porta à consulter les Mages, & les Interpretes des songes. Il lui representoit la* splendeur de ses Ancêtres; qu'Auguste & Pompée étoient ses Ayeux ; que Scribonia, qui avoit été femme d'Auguste étoit sa Tante, les Cesars ses Cousins, & pour maintenir la grandeur de sa Maison il l'exhortoit au luxe & à la depense. Mais pour l'engager plus fortement il emprunte avec lui, & se fait compagnon de ses débauches. Comme il eut assez de témoins, & des esclaves pour complices, il découvre l'affaire à l'Empereur par le moyen de Flaccus Vescularius qui avoit plus d'accés auprés de lui ; & demande d'être admis en sa presence. Tacite nous apprend de quelle maniere Tibere traita Libon, & le cas qu'il en fit, jusques au temps qu'il fut accusé de tant de choses, qu'il fut enfin forcé de se tuer soi même. Je vous renvoye donc à cet Historien qui décrit ce fait fort au long, pour ne pas outrepasser les bornes que je me suis prescrites dans ce Traité.

Le fourbe Styppiota, qui, comme je vous ai déja dit, supplanta Hagiotheodorita, ne pût s'empêcher d'être la dupe à son tour, non plus que Sabinus le Romain. Camaterus Logotheta, ennemi de Styppiota, fut l'auteur de ce complot, l'accusa d'imposture devant l'Empereur, & le representa comme un homme qui vouloit livrer la Sicile. Et pour donner quelque apparence à sa calomnie, il cacha l'Empereur dans sa Chambre, & commença de dessein prémedité à parler des affaires de Sicile, en sorte que le Prince entendoit tout ce qui se disoit. Styppiota qui n'étoit pas sur ses gardes lâcha plusieurs choses qui déplûrent à Cesar. Camaterus non content de cela, contrefait des lettres qu'il trouva moyen de faire glisser entre les papiers de Styppiota. Sur ces entrefaites l'Empereur ayant fait arrêter les papiers de l'accusé, ces lettres s'y trouverent, & furent cause qu'il fut condamné à perdre les yeux.

Cette avanture me donne occasion de parler d'un autre moyen dont on peut se servir pour donner de la vrai-semblance à la calomnie ; c'est de contrefaire des lettres, moyen à la verité qui n'aboutit enfin le plus souvent qu'au desavantage de celui qui le pratique, mais qui ne laisse pas de faire de profondes impressions sur l'esprit du Prince, & de servir beaucoup à aliener son affection. Aussitôt que l'accusé s'en apperçoit, il doit s'éloigner volontairement des affaires, & se retirer de la Cour, de peur qu'il ne lui arrive pis ; ou qu'on ne l'embarque dans des intrigues qui confirmeront la calomnie. C'est ce qui paroît par l'exemple de Silvanus dont on a déja fait mention.

Les faux témoins ne servent pas peu à confirmer la calomnie. Cet infame expedient est principalement necessaire contre ceux qui sont accusez de trahison & de crimes capitaux. Et comme les Domestiques sont fort propres à cela, c'est d'eux aussi qu'on se sert le plus souvent pour des choses de cette nature. Du temps de l'Empereur Arcadius, Eutrope voulant perdre Timasius, grand Capitaine, & homme de grande autorité, corrompit Bargus son ami, ou plûtôt son inseparable compagnon, qui l'accusa de vouloir se saisir de l'Empire. L'amitié qu'il y avoit entre Bargus & Timasius fit ajoûter foi à l'accusateur, & tout le monde crût qu'il ne l'accuseroit pas si son crime n'étoit trés-certain. On fit venir au secours des lettres supposées pour prouver la trahison ; si bien que l'innocent & son fils furent releguez dans l'Isle l'Isle de Oasis, d'où ils ne revinrent ni l'un ni l'autre.

Neron préfera Petrone à Tigellin parce qu'il avoit le goût délicat pour les plaisirs. Celui-cy ne pût le voir sans envie, & accusa son Rival d'être amy de Sevinus, qui avoit été convaincu d'avoir conspiré contre Neron, & produisit pour témoin un Domestique de Petrone qu'il avoit corrompu.

CHAPITRE XXX.

Une amitié feinte donne de la vrai-semblance à la calomnie; l'affection du Prince pour le Calomniateur produit le même effet.

J'Ai dit cy-devant que l'affection qu'a le Prince pour le Calomniateur, contribuoit beaucoup à rendre la calomnie vrai-semblable. Ce fut pour cela que Sejan voulant rendre l'Imperatrice Livia jalouse d'Agrippine, veuve de Germanicus, choisit pour cela Julius Posthumus, qui selon Tacite, *étoit tres-agréable à Livia, parce qu'il entretenoit Mutilia Prisca sa Favorite.* Mais la calomnie ne réüsfit jamais si aisément, que quand elle attaque des gens qui sont déja suspects au Prince. Car il y a toutes les apparences du monde, que non seulement l'accusateur perdra l'accusé, mais qu'il s'élevera même sur ses ruines. Les amis de Vitellius n'oserent attaquer Junius Blesus, que lors qu'ils connurent que son credit diminuoit auprés du Prince. Et ils réüssirent beaucoup plus promptement qu'ils n'auroient fait, parce qu'ils furent soûtenus par Lucius Vitellius frere de l'Empereur.

Gracchus affranchi de Cesar, & homme, dit Tacite, *Annal.* 13. nourri dans le Palais Imperial, & sachant par une longue experience les intrigues du Cabinet, ne trouva pas de meilleur moyen pour se maintenir en faveur auprés du Prince, que d'accuser Cornelius Sylla, qu'il savoit que Neron soupçonnoit déja. Tigellin en usa de même quelque temps aprés contre Sylla & Plaute. Voici ce qu'en écrit Tacite, Annal. 14. *Le credit de Tigellin augmentoit tous les jours ; & pour se rendre plus considerable, il résolut d'engager Neron de plus en plus dans les vices, parce que c'étoit la partie en laquelle il excelloit. Comme il vit donc que ceux que le Prince craignoit le plus étoient Sylla & Plaute, tous deux releguez depuis peu, l'un en Asie, & l'autre en Gaule, il tâcha de rendre leur exil suspect par le voisinage des Legions d'Orient & d'Allemag-*

ne. Il dit que Sylla étoit pauvre, & par sa pauvreté capable de tout ; dissimulant son ambition sous le voile du repos, jusqu'à ce qu'il trouvât jour à la faire éclater; & que Plaute étoit plus puissant & si temeraire, qu'il ne feignoit pas seulement comme l'autre d'aimer une vie tranquille.

Je vous ay déja parlé d'Ursicin que l'Eunuque Eusebe accusa auprés de l'Empereur Constantin, qui n'avoit déja gueres de confiance en luy, parce qu'il étoit parent de Gallus ; mais je n'ai pas dit quel succés eut cette affaire. L'accusation étant vicieuse parce que le crime n'étoit prouvé que foiblement ; l'Eunuque qui méditoit quelque autre chose fit relâcher l'accusé. Rien ne s'étant donc décidé, il tâche de s'en faire honneur, & de s'insinuer dans les bonnes graces d'Ursicin, comme s'il l'avoit tiré d'une fâcheuse affaire ; cependant il fait en sorte qu'il est éloigné de la Cour, où il tournoit toutes ses pensées, & malgré les demonstrations d'amitié qu'il lui faisoit, il ne laissa pas de prévenir sous main l'Empereur contre luy.

CHAPITRE XXXI.

Des principales ruses des Calomniateurs.

Quand quelqu'un est accusé d'avoir mal parlé du Prince, plus ce qu'on l'accuse d'en avoir dit approche de la verité, plus aisément ajoûte-t-on foi à l'accusation, comme il paroît par l'exemple de Granius Marcellus dont parle Tacite, Annal. 1. *Cœpio Crispinus l'accusa d'avoir médit de Tibere, & il ne put jamais parer le coup; car comme Crispinus avoit choisi les plus vilains endroits de la vie de Tibere, il en imposa à l'accusé; & les choses dont on l'accusoit étant veritables, on crût effectivement qu'il les avoit dites.* Plusieurs calomniateurs ont suivi cet exemple, & ont pris occasion de reprocher aux Princes leurs vices sous prétexte de les informer des médisances d'autrui; ce qui devroit, ce semble, les empêcher de prêter l'oreille à ces sortes de calomniateurs.

Quoique Tibere aimât les

rapports, il n'aimoit pas qu'on luy reprochât ses vices; & pour n'avoir pas le chagrin de se voir apostrophé dans le Senat, où l'on prenoit occasion de luy reprocher sa mauvaise conduite sous ombre d'accuser les autres d'en avoir parlé de cette maniére, il se retira dans l'Isle de Caprée, croyant, comme le remarque Tacite, *qu'il devoit éviter de se trouver au Senat, de peur d'être obligé d'entendre des paroles choquantes, & des veritez odieuses.*

Il y a des gens qui en usent de cette maniére en vûë uniquement de censurer les Princes de leurs vices. C'est ainsi que s'y prirent ceux qui voulurent blâmer le parricide de Neron. Ils déclamerent en sa présence contre ceux qui avoient commis de semblables crimes, & leur dessein étoit de faire connoître sa faute à César, plûtôt que de perdre ceux qu'ils accusoient. C'est là la maxime favorite des calomniateurs. Mais qui voudroit entreprendre de dépeindre la calomnie de tous ses traits ? C'est un monstre qui prend mille formes, & qui use de mille artifices pour faire du mal.

CHAPITRE XXXII.

Les loüanges de la Cour sont trompeuses & dangereuses. Troisiéme moyen d'opprimer un homme par la force.

PAssons maintenant des calomnies aux loüanges, dont nous avons déja dit en passant qu'on se sert beaucoup pour perdre les gens. C'est le manteau sous lequel on cache la haine secrette qu'on a pour quelqu'un : c'est l'enveloppe ordinaire de l'envie & de l'émulation ; afin de pouvoir tromper avec plus de facilité. Ce fut ainsi que Fabius Valens diffama secrettement Martius Valens qui ne le soupçonnoit de rien. Et pour le trahir plus sûrement, il parloit toûjours avantageusement de lui en public, comme dit Tacite. Ce fut sous les apparences d'une grande amitié qu'Arbetio attaqua Ursicin, il l'appelloit souvent en public un vaillant & un galant homme, afin de faire mieux donner dans le piege cet innocent dont les intentions avoient toûjours été fort droites, comme nous l'apprenons d'Ammian Marcellin, lib. 15.

Un jour qu'un homme, contre son ordinaire, en loüoit un autre d'une maniere outrée en presence d'Alphonse Roi d'Arragon, ce Prince se tournant vers l'un de ses amis, luy dit, *assûrement cet homme ici veut perdre celui dont il fait l'éloge.* Il ne se trompoit pas, car six mois après ce Panegyriste outré accusa devant le Tribunal de la Justice celui qu'il avoit si hautement loüé, & il l'auroit perdu si le Roi ne l'eût sauvé, & n'eût pris sa défense en main.

Mucianus après avoir donné mille loüanges en plein Senat à Antonius Primus, qu'il ne pouvoit pas opprimer ouvertement, lui fait aussi mille secrettes promesses, lui remontre de plus que l'Espagne lui est ouverte par la mort de Cluvius Rufus, & met dans les charges militaires plusieurs de ses amis & partisans. Mais à peine a-t-il rempli son esprit d'ambition, qu'il sape incontinent sa puissance, & lui enleve la septiéme Legion, qui lui étoit toute dévoüée.

C'est une voye qui nous est tracée non seulement par les Courtisans, mais aussi par les Princes mêmes, lors qu'ils veulent abatre ou abaisser quelqu'un. *Car Tibere savant en l'art de dissimuler, sans montrer plus mauvais visage à Libon, l'honora de la Préture, & admit à sa table un homme qu'il soupçonnoit & haïssoit, & pouvant l'empécher de faillir, il aima mieux le rendre coupable afin de le perdre.* Tacite Annal. 2. Vous avez vû comment il se servit du même artifice pour perdre Sejan. Domitien n'étoit jamais plus à craindre, que lors qu'il rioit. Les loüanges d'Andronicus étoient les préludes des outrages qu'il méditoit. Nicetas appelloit sa liberalité les gages de la confiscation des biens d'un homme, & sa douceur l'avant-coureur d'une mort certaine.

Il y a des gens qui ne loüent les autres que pour jetter de l'ombrage dans l'esprit du Prince. C'est ainsi, nous dit Tacite, que Julius Agricola fut ruiné par Domitien. *Sa réputation & la jalousie du Prince faisoient tout son crime*, ajoûte cet Historien ; *outre qu'il y a une sorte d'ennemis à la Cour, qui sont plus dangereux que les autres, parce qu'ils tâchent de nous perdre en nous loüant*. L'Empereur Julien a dit autrefois que les Courtisans masquez étoient les plus dangereux ennemis du monde. Voici le portrait que Mammertin en fait dans un Panegyrique ; *ce sont des gens, dit-il, fourbes & artificieux qui sous prétexte de loüanges & d'amitiez enfoncent le poignard, & glissent finement le poison de la calomnie.*

Nous voyons encore qu'il y a des gens qui ont loüé des personnes en vûë d'en diffamer d'autres ; & pour cet effet ils ont accoûtumé d'opposer le merite des premiers aux qualitez des derniers pour en faire mieux connoître la difference. Plutarque accuse Herodote d'en user de cette maniere lorsqu'il loüe les Atheniens d'avoir repoussé les Persans avec tant de bravoure ; car, dit-il, son but n'étoit pas tant de faire honneur aux

Atheniens, que de couvrir le reste des Grecs de honte & de confusion. Seneque dit que les Princes loüent d'ordinaire leurs serviteurs morts pour faire honte aux vivans. C'étoit dans cet esprit qu'Auguste loüoit les fideles services de Mecenas, & d'Agrippa lorsque les impudicitez de sa fille eurent éclaté, & cela pour censurer ses amis & ses serviteurs comme des gens qui n'avoient aucun soin de l'honneur & de l'intérêt de leur Prince.

C'étoit pour cela même qu'Auguste loüoit & blâmoit successivement Tibere. Voici comme en parle Tacite. *Quoiqu'il le traitât avec honneur en apparence, & qu'il l'associât à la puissance du Tribunat*, on voyoit bien qu'il lui reprochoit ses vices en les excusant. Cela doit donc nous apprendre à considerer le but & de ceux qui nous loüent, & de ceux qui nous calomnient.

Aprés avoir suffisamment examiné les deux premiers moyens de ruiner un Courtisan, qui sont de s'en défaire sous des prétextes d'honnêteté; ou de le faire haïr, ou soupçonner par le Prince, il ne nous reste plus qu'à parler du troisiéme, qui est la force ouverte. Cela se fait principalement lorsque le peuple ou la soldatesque, choquez des dignitez ou des maniéres d'un Favori, tombent dans la sedition. Il n'y a gueres de gens qui ne sachent la fureur où tomberent les Parisiens aprés que les Anglois eurent fait prisonnier leur Roi Jean: on n'ignore pas non plus quelle fut ensuite la destinée de ceux qui occupoient les principales charges sous son fils, qui tint les Rênes du gouvernement aprés la disgrace de son pere.

Il n'y a pas long-temps que les Janissaires ont privé le Grand-Seigneur plus d'une fois par des émotions seditieuses des Ministres les plus autorisez & les mieux établis dans la confiance du Prince. Il n'est pas besoin d'entrer bien avant dans l'Antiquité pour trouver des exemples de pareils évenemens: le Regne d'Arcadius nous en fournira. Entre les Favoris de cet Empereur, il n'y en avoit point qui fût plus aimé que Rufin : Stilicon en fut choqué, & résolut de le perdre, il envoya Gaïnas avec ses forces sous prétexte de vouloir donner secours à l'Empereur, mais en effet pour se défaire de Rufin, ce qu'il fit aussi : car Rufin allant à l'Armée, les Soldats de Gaïnas à qui l'on avoit donné le signal coururent, environnerent Rufin, & le mirent en pieces.

Eutrope ayant été mis en la place de Rufin, & ayant mécontenté aussi-bien que lui les Principaux de la Cour, Trigibilde émeut une sédition par le moyen du même Gaïnas, courut & ravagea toute l'Asie, sans vouloir accepter aucunes conditions de paix qu'Eutrope ne fût chassé de la Cour, à quoi l'Empereur consentit enfin à la solicitation de Gaïnas. Non content d'avoir ruiné Eutrope, il leva le masque, se joignit quelque temps après avec Tribigilde, & pour empêcher qu'Eutrope ne revînt en faveur, il demanda que l'Empereur lui livrât Aurelius Saturnius & Jean Chrysostome, qui étoient alors ses principaux Ministres. Cela fut fait, & Gaïnas les bannit, se contentant de leur faire toucher avant qu'ils se retirassent de devant lui, la pointe de son épée, afin de leur faire sentir combien elle étoit aiguë.

Chapitre XXXIII.

Quelquefois le cruel & méchant naturel des Princes, qui regardent d'un œil d'envie le merite de leurs Serviteurs, est la cause de leur chûte. Comment il faut en user avec les Princes de ce caractere.

Quoique les Courtisans s'appuyent de toute sorte de protection, & qu'ils se fassent mille puissans amis, le naturel du Prince qui est leger, vain, ombrageux, envieux, avare, cruel, ou craintif, est souvent la cause inévitable de leur perte. Ces maladies qui sont ordinaires aux Princes trompent les plus sages Courtisans. Seneque qui eut du pouvoir sur Neron, qui luy parloit librement, & qui ne le flatoit que rarement, sage au commencement & habile dans le manége de la Cour, fut enfin forcé de se rendre, vaincu par le mauvais naturel de Neron, qui d'abord envia son éloquence, ensuite ses richesses, & enfin opprimé par de malins calomniateurs, il perdit & la faveur de son Maître, & la vie.

L'envie & la jalousie des Princes a paru quelque chose de si formidable à certaines gens, qu'ils ont mieux aimé décendre en faisant moins bien les affaires de leurs Maîtres, que de courir risque de devenir l'objet de leur envie en les faisant réüssir heureusement. Publius Ventidius craignant de s'attirer l'envie de Marc Antoine sous lequel il servoit, se contenta d'avoir battu les Parthes en trois Batailles qu'il gagna sur eux en Mede, & ne voulut pas pousser plus loin sa bonne fortune. Agathias nous dit que la même chose arriva sous le Regne de Justinian, parce que Belisaire craignit que ses grandes victoires & les acclamations du peup'e ne lui attirassent la haine des Grands & l'envie du Prince. Ce fut pour cela que Mecenas conseilla à Auguste, *de n'imputer point les mauvais succés à ses Ministres, & de n'envier point les actions où ils réüssissoient. Car, dit-il, plusieurs de ceux qui ont eu le maniment des affaires publiques, s'y sont pris avec une extrême negligence apprehendant de s'exposer à l'envie, & aimant mieux hazarder leur gloire, que leur personne.* Cependant j'approuve beaucoup plus la conduite de ceux, qui pour éviter l'envie donnent au Prince la gloire de tout, quelque chose qu'ils fassent de grand & de glorieux. Agrippa gédre d'Auguste nous conseille d'entreprendre hardiment de grandes choses, & d'en rapporter au Prince toute la gloire, comme il avoit toûjours accoûtumé de faire.

C'est pour cela que Joab assiégeant Rabath, & pouvant la prendre, ne voulut pas le faire que David ne fût arrivé. L'affaire d'Artacena étant sur le point d'être décidée, Craterus attendit l'arrivée d'Alexandre. Tacite remarque, *que dans tous les*

les glorieux empl'ois d'Agricola, il ne s'enorgueillit jamais de sa fortune, mais que comme un fidele Ministre, il rapportoit tout à l'honneur de celuy qui l'employoit.

Quoi que l'envie soit une maladie qui attaque les Princes les plus genereux, tels qu'étoient par exemple Philippe & Alexandre ; il est neanmoins vrai qu'elle va plus loin chez les uns que chez les autres. L'Empereur Theodose second du nom, commit à Cyrus le soin de faire bâtir une muraille à Constantinople depuis une Mer jusqu'à l'autre ; ce qu'il fit en soixante jours. Cette diligence fut si agreable au peuple, qu'on entendoit crier dans les ruës, Constantin a bâti la Ville, &

Cyrus l'a reparée. L'Empereur l'ayant entendu en conçût tant d'envie contre Cyrus, qu'il ne pût en éviter les suites qu'en se faisant Religieux.

Ceux qui ont affaire avec des Princes de ce caractére doivent considerer, qu'ils marchent sur des cendres sous lesquelles il y a un feu caché ; & par conséquent ils doivent toûjours examiner leurs inclinations avec beaucoup de soin, afin d'être en état ou de se défendre, ou de n'avoir au moins rien à se reprocher, en cas qu'ils se voyent contraints de ceder à la violence, mais qu'au contraire ils ayent la satisfaction d'avoir fait leur devoir, & de l'avoir fait avec la prudence requise.

Chapitre XXXIV.

Comment on conserve ses charges sous le Regne d'un Successeur, & comment on se maintient en credit.

ON peut avec justice mettre au rang des Favoris de la Fortune, ceux qui ayant beaucoup d'autorité & de credit sous un Prince, les conservent sous son Successeur. Aussi est-ce une chose qu'on ne voit que trés-rarement à la Cour; car comme celui qui doit succeder est le plus souvent suspect au Prince regnant, ceux par conséquent qui ont le maniment de ses affaires sont obligez necessairement d'agir contre les intérêts du Prince qui doit succeder. Et c'est ordinairement de là que viennent des inimitiez mortelles. Outre cela, celui-ci a des serviteurs dont la fidélité lui est connuë, & qui ont pour la plûpart merité son affection par leurs services. Il cherche les moyens de les élever, & pour cet effet il éloigne ou de son propre mouvement, ou par la persuasion de ceux qui sont bien aises de prendre leur place, les serviteurs du Prince défunt.

Il y en a pourtant qui font si bien leur cour au Successeur, soit que l'état des affaires leur soit favorable, soit qu'ils y soient plus habiles & plus propres que les autres, soit qu'ils ayent plus d'adresse, ou qu'ils sachent mieux s'insinuer, qu'en perdant leur Maître ils ne perdent que sa personne. Macron voulant se mettre en faveur auprés de Caligula, se sert de sa Femme Ennia, & fait en sorte que ce Prince en devient amoureux, & pense même à l'épouser. Le même Macron fit étouffer à force de couvertures, l'Empereur Tibere qui étoit malade & prêt à mourir, comme Tacite nous l'apprend. Julien retint Arbetio parce qu'il crût qu'il en avoit besoin, quoy qu'il eût de l'aversion pour lui à cause de son orgueil & de son esprit turbulent ; & Valentinien qui succeda à Julien prit le même homme à son service pour l'opposer à Procope.

Nous n'avons parlé jusqu'ici que des choses qu'un Courtisan doit éviter s'il veut avoir la faveur du Prince. Parlons maintenant de ce qu'il doit faire pour la conserver. Les conseils que nous avons à lui donner sont en general, *d'être modeste auprés du Prince ; de songer plus à faire son devoir, qu'à avancer sa fortune ; de ne jamais se vanter, ni ne faire rien que de respectueux, & d'éviter l'envie autant qu'il lui est possible.* C'est un mal que les grands Hommes ont trouvé si redoutable, que pour l'éviter les uns se sont éloignez des affaires publiques sous prétexte d'aimer le repos, & les autres ont pris le parti de la retraite sous prétexte de vouloir donner à l'étude le reste de leur vie. Les Regnes de Domitien

& de Galba nous fourniſſent des exemples des uns & des autres. Nôtre Courtiſan doit prendre garde à ne paſſer pas trop legerement ces ſortes de loüanges perfides, dont nous avons déja parlé, non plus que les calomnies dont on les charge. Ceux qui nous calomnient diſent ou que nous avons manqué à quelque choſe de neceſſaire au ſervice du Prince, ou que nous avons dit ou fait quelque choſe au préjudice de ſes intérêts. Quant aux fautes qu'on nous impute, ou il faut s'en excuſer modeſtement, ou il faut nous en juſtifier, ou il faut les reparer; ou il faut enfin tâcher d'y ſuppléer par quelque choſe d'éclatant. Nos paroles & nos actions doivent être ſi peſées

& si moderées, qu'on ne puisse jamais leur donner un mauvais tour. Nous devons tâcher de penetrer les sentimens & les inclinations d'autrui, avant que de découvrir les nôtres ; & si par hazard ou par negligence il nous échape quelque chose qui puisse déplaire, nous devons faire connoître lors que nous y faisons reflexion, que nous n'avons eu intention d'offenser personne; mais il faut que cela se fasse naturellement & par occasion.

Si nous nous appercevons que quelqu'un nous calomnie, nous ne devons nous éloigner du Prince que le moins qu'il est possible pour courir aprés ceux qui nous calomnient; car outre que l'absence diminuë l'amour, la médisance s'enracine avec le temps, à moins qu'on ne lui oppose à propos la verité; car la jalousie s'étant une fois emparée de l'esprit du Prince, & l'accusateur revenant souvent à la charge sans que personne lui contredise, elle jette enfin de si profondes racines dans le cœur du Souverain, qu'il haït souvent l'accusé avant que d'examiner son crime.

Celuy qui veut donc pourvoir à sa sûreté, doit se faire à la Cour un ou deux amis pour le moins qui puissent le défendre pendant son absence des dangereuses attaques de la calomnie. Mais il doit prendre garde aussi que ces amis soient des personnes de qualité & d'honneur, ou tout au moins gens de crédit, & qui ayent autant d'accés auprés du Prince que nos ennemis. J'avouë que les amis de ce caractére sont fort rares à la Cour, où presque tout le monde opprime son compagnon, ou souffre que les autres l'oppriment. Cependant il arrive quelquefois qu'il s'en trouve quelqu'un qui par grandeur d'ame, ou par un principe de reconnoissance, ou par le desir de rendre service, ou enfin par un motif d'aversion contre nos acculateurs, sont bien aises de rendre cet office.

Chapitre XXXV.

On ne doit jamais se vanter de la faveur du Prince : de l'usage qu'on doit faire de ses amis & de ses partisans.

LE Courtisan doit se donner de garde de se vanter de la faveur du Prince, non seulement pour éviter l'envie de ses Collegues, mais aussi du Prince même. Lors que les Grands d'Espagne se mirent en devoir de supplanter en dernier lieu le Cardinal Spinosa sous le Regne de Philippe second Roi d'Espagne, ils s'y prirent d'une telle maniére que cette Eminence fut la Dupe de sa grandeur. Ils s'attacherent tous à lui ; chacun fit semblant de reconnoître qu'il ne devoit sa fortune qu'à la faveur du Cardinal; les domestiques mêmes du Roi paroissoient extrêmement soûmis à son Eminence, & prêts à executer ses commandemens. Le Prince s'en étant apperçû, éloigna le Cardinal, & en moins de deux ans toute son autorité & toute sa grandeur devinrent à rien.

Il faut donc apprendre à se contenter d'un train modeste, & à vivre plûtôt au dessous qu'au dessus de la dignité dont le Roi nous a honorés; car c'est toûjours le plus sûr & le plus prudent. Il n'est pas tems de diminuer sa suite lors que la fortune commence à décliner. Que gagna Seneque à se cacher dans sa maison aprés avoir perdu la faveur de Neron? Quel avantage lui revint-il alors de s'appliquer à l'étude, & de renvoyer ceux qui le venoient voir sous prétexte que sa mauvaise santé ne luy permettoit pas de les recevoir? Dequoi servit-il à Agricola d'être entré de nuit à Rome, & avec peu de suite? Il faut donc être modeste de bonne heure, & continuer sur ce pied là.

Quoique je n'approuve pas que nôtre Courtisan soit assiegé d'une trop grande foule d'amis & de domestiques, je ne voudrois pourtant pas qu'il negligeât de se faire plusieurs creatures & partisans ; non pour le servir dans sa prosperité, mais pour le soûtenir & pour le consoler en cas de difgrace. Car quoi-qu'il se trouve peu de ces bons amis qui le sont encore malgré les revers de la fortune, il peut neanmoins s'en trouver quelqu'un entre tous, qui tâchera de nous procurer un azile & du secours, sinon par un principe d'amitié, au moins pour son propre intérêt, & pour l'avantage qu'il peut esperer en cas que vous reveniez à vôtre bonne fortune.

CHAPITRE XXXVI.

Comment il faut menager la faveur du Prince ; l'usage qu'on en doit faire. Avis & consolations dans l'adversité, & autres maximes.

Comme il est d'une grande satisfaction & d'un

grand secours dans l'adversité, d'avoir été liberaux & genereux dans la prosperité, & d'avoir profité de la faveur du Prince pour obliger ceux qui ont eu besoin de nous; aussi nôtre Courtisan doit-il prendre garde à dispenser sagement ses biē faits; car il est certain que quelque chose que le Prince fasse pour quelqu'un à nôtre priere, il le met presque tout sur nôtre compte, & le regarde comme fait à nous mêmes. A moins donc que nous ne soyons parfaitement bien auprés du Prince, il faut bien se donner de garde d'être trop prodigues de nôtre faveur, & de la dispenser trop liberalement aux autres. Nous devons aussi tres-rarement introduire quelqu'un, ou faire son éloge au Prince, à moins que ce quelqu'un-là ne luy soit aussi bien connu qu'à nous mêmes ; encore faut-il avant toutes choses examiner avec soin son merite, & suivre cette maxime d'Horace, qui dit en substance, *qu'il ne faut pas être trop liberal à loüer, qu'on ne soit bien certain que le sujet merite de l'être, de peur que venant à faire quelque faute, il n'en revienne de la confusion à celuy qui l'aura loüé.*

Il faut encore que les graces que vous demandez pour quelqu'un soient de sa portée; il faut que la conjoncture soit favorable, que le Prince puisse accorder ce que vous lui demandez sans se commettre, que son intérêt s'y rencontre, & que vous sachiez enfin que d'autres ont déja obtenu la même faveur. Si le Prince l'accorde il faut lui faire connoître que nous regardons cette grace comme une grande faveur faite à nous mêmes, s'il ne l'accorde pas, il faut prendre garde qu'il ne s'apperçoive pas que nous en soyons choquez.

Il faut encore observer ici une chose que nous avons déja touchée, c'est de *ne jamais se vanter de la faveur du Prince, & de ne jamais publier qu'il se gouverne par nos conseils*; car nous vous avons déja dit combien quelques-uns s'en sont mal trouvez. Quelque chose que les Princes fassent, ils veulent qu'on croye qu'ils le font d'eux mêmes, sans le secours & sans l'autorité d'autrui, & sur tout de leurs Sujets.

Si le Prince vous donne quelques ordres importans, tâchez de les avoir par écrit, & en termes aussi clairs & aussi intelligibles qu'il est possible. Ne manquez pas de lui representer avant que d'entreprendre la chose, que vous y trouvez des difficultez qui vous font craindre pour l'execution. Si c'est une affaire secrette, & qui ne puisse être écrite, repetez devant le Prince, sans pourtant vous rendre ridicules, les ordres qu'il vous donne, afin de pouvoir mieux comprendre ses intentions, & de mieux lui imprimer dans l'esprit la commission dont il vous a chargé.

Il faut embraſſer auſſi de bonne grace les plus mediocres emplois que le Prince peut vous donner ; car ſouvent une petite affaire eſt le commencement d'une grande fortune ; & les Princes veulent qu'on eſtime leurs commandemens non à cauſe de l'importance de l'affaire, mais à cauſe de la grandeur & de la dignité de celui qui commande ; & ils ne ſont pas moins fâchez lorſque nous refuſons d'entrer dans les petites affaires, que lorſque nous reculons aprés qu'ils nous ont ordonné de faire quelque choſe de grand & de perilleux. Lorſque vous étes à la ſuite du Prince, prenez bien garde qu'il ne vous ſurprenne par des ordres donnez tout à à coup ; & pour cet effet ruminez à l'avance autant qu'il est possible, tout ce qui peut être alors sur pied, & préparez-vous à tout ce qui pourra se mettre en mouvement. Prenez garde encore à ne pas importuner le Prince par des discours ridicules & à contretemps, & ne lui parlez que des choses dont vous serez certains, & que vous croirez qu'il écoutera volontiers. Soyez attentifs lorsque le Prince parle, & qu'il paroisse que vous ne pensez qu'à ce qu'il dit, ne paroissez ni tristes ni rêveurs de peur qu'il ne semble que vous méprisez ou desapprouvez ce qu'il dit.

Si quelqu'un mécontent du Prince pour en avoir été maltraité, vient vous faire ses plaintes, faites lui connoître que vous étes touché de son malheur; conseillez lui la patience & le silence; encouragez le à bien esperer; diminuez l'outrage, & excusez le Prince. Mais il faut aller sagement & bride en main avec ces gens-là, car il y en a qui font les mécontens & les maltraitez, à dessein de pouvoir tirer de nous quelque preuve pour nous convaincre de mauvaise intention contre le Prince, & pour avoir ensuite occasion de nous perdre. Il y en a qui ont été maltraitez au pied de la lettre, mais ils sont le plus souvent foibles & imprudens, incapables de tenir secret ce qui leur a été confié par bonne amitié.

Si vous étes obligez d'avoir un train de domestiques, prenez bien garde que personne ne parle licencieusement ni du Prince, ni de ses Favoris ; car souvent la faute du Valet retombe sur le Maître, qu'on rend responsable des paroles & des actions de son Domestique. Une des principales maximes de prudence que le Courtisan doit observer, est, de remarquer & de sentir à temps que le Prince n'est plus le même à nôtre égard, & que son affection a diminué ; car si vous vous en appercevez à l'avance, vous reserrez par des déferences & par des honnêtetez les nœuds d'amitié qui vous lient, au lieu de les couper entiérement. La cause de nos mécontentemens étant ôtée, ou par nos déferences ou par la longueur du temps, nous rentrons quelquefois en faveur avec plus de facilité que jamais, & sur tout s'il paroît ou que nous ne nous souvenions plus de l'injure qui nous a été faite, ou que nous ne l'avons pas sentie.

Chapitre XXXVII.

Comment on peut juger de la continuation, ou du changement de l'affection du Prince à nôtre égard.

POur pouvoir juger si le Prince nous aime toûjours, il ne suffit pas de connoître son humeur, & de ne se tromper pas sur l'autorité & sur le pouvoir des amis & des ennemis qu'il a à la Cour; mais il faut principalement examiner avec soin sur quoi est fondée l'amitié que le Prince a pour nous. Car si la raison qui l'oblige à nous aimer vient à cesser, ou qu'il trouve de plus fortes raisons d'en aimer un autre, il est certain que son amitié se refroidira tout à fait, ou du moins qu'elle diminuera de beaucoup.

Ce n'est pas qu'il ne soit quelquefois dificile de deviner pourquoi le Prince nous aime, & ce n'est quelquefois au fond qu'un pur effet de bonheur, dont on ne sauroit rendre aucune bonne raison: Neanmoins il aime d'ordinaire, ou parce qu'il trouve que la personne a les mêmes inclinations & le même tour d'esprit

prit que luy, qu'il prend plaisir à son humeur & à ses maniéres, qu'il en a reçû des services, ou qu'il lui connoît de la vertu, ou enfin parce qu'elle sait s'accommoder à ses inclinations. L'amour qui vient de la conformité du temperament paroît forte pendant quelque temps, cependant c'est la moins durable, soit parce que l'âge ou la varieté des affaires change journellement, comme nous avons déja dit, la nature humaine, soit parce qu'il est difficile de trouver deux personnes si semblables, qu'elles ne different en rien ; & souvent ce qu'elles ont de different est plus capable de les diviser, que tout ce qu'elles ont de semblable n'est capable de les unir.

Cependant je ne puis pas comprendre comment des gens peuvent être si bien faits au goût & aux inclinations du Prince, qu'ils ne puissent faire qu'à peine quelque chose qui luy déplaise & qui le desoblige. J'avouë neanmoins que ces gens-là peuvent mieux faire que les autres leurs affaires auprés du Prince; sur tout s'ils savent bien prendre leur temps, & que comme de sages Pilotes ils ayent l'adresse de serrer leurs voiles à propos avant que l'orage survienne.

CHAPITRE XXXVIII.

De l'amour du Prince pour les femmes : instructions pour ses Maîtresses. Que les services rendus aux Princes causent souvent la disgrace des Courtisans. Divers autres avis.

LEs Princes aiment le beau sexe selon que leur complexion est plus ou moins amoureuse; & lors que la Maîtresse du Souverain ne tombe pas en disgrace par sa faute, elle y tombe souvent ou parce que le Prince s'en dégoûte, ou parce qu'il trouve un objet plus aimable. De là vient que les femmes habiles font d'ordinaire tout ce qu'elles peuvent pour empêcher le

Prince d'entrer en aucun commerce avec d'autres, & sur tout avec celles qui pourroiét l'engager. Il s'en est vû aussi qui ont conservé leur Amant par un dédain affecté & par des demonstrations de repentance. D'autres plus entreprenantes & plus hardies, voyant que le Prince les aimoit veritablement, l'ont enivré de caresses, & noyé de plaisirs, s'il est permis de parler ainsi.

C'est de la premiere maniére qu'en usa Popea à l'égard de Neron : *Car le voyant bien enflammé, elle commença à faire la maîtresse, & ne voulut plus souffrir ses longs entretiens, ni qu'il la possedât plus d'une nuit : elle disoit qu'elle étoit mariée à Othon, & qu'ils étoient unis ensemble par des chaines* si fortes & si agréables, que rien ne les pouvoit rompre. Qu'elle ne voyoit reluire qu'en luy les qualitez d'un Souverain ; qu'il avoit le cœur & l'ame d'un Prince, au lieu que Neron n'avoit tiré de l'amour d'une servante que des sentimens bas & abjects, & n'avoit rien de grand que sa fortune. Tacite Annal. 13. La même Popea ne croyant pas que Neron eût jamais la hardiesse de l'épouser, ni de repudier Octavia tant qu'Agrippine vivroit, ne cessoit de l'irriter contre elle par diverses calomnies, & de lui reprocher quelquefois en riant qu'il étoit en tutelle, & que bien loin d'être maître de l'Empire, il ne l'étoit pas de soi-même. Tacite Annal. 14. Il y a eu des femmes qui ont par ce moïen conservé l'affection des Princes beaucoup mieux qu'elles n'auroient fait en les careſſant & en les flatant ; cependant, comme j'ai déja dit, c'eſt une eſpéce d'amour où il n'y a rien de certain, & ſur laquelle il ne faut pas compter long-temps.

Il ſemble que la faveur qu'on ne doit qu'à ſes ſervices, devroit être plus ſtable & plus ſolide que celle qui ne vient que de la flaterie ou du plaiſir; parce que la premiere procede d'une cauſe honnête, & qu'elle encourage les autres à ſe rendre dignes par leur vertu de la même recompenſe : cependant l'experience nous a appris, que les grands ſervices mêmes ont ſouvent été la cauſe de la perte de ceux qui les ont rendus ; & la raiſon de cela est que les Princes haïssent d'ordinaire ceux qu'ils ne peuvent pas recompenser. Ils ne veulent pas être redevables à leurs sujets, & c'est pour cela qu'ils fuyent la présence de ceux qui les ont le mieux servis, comme s'ils prenoient leurs œillades pour autant de reproches de leur propre ingratitude. De là vient que la condition de ces sortes de gens est fort triste à la Cour : car lors qu'ils ont rendu quelque service au Prince, ils se font d'abord honte d'en demander la recompense, de peur qu'ils ne semblent avoir vendu & non donné leurs peines. Et comme les Princes n'ont souvent aucun égard au service qu'ils ont reçû, & qu'ils sont lents à recompenser, un jour passe & l'autre vient, tant qu'enfin la memoire d'une action de merite s'efface de l'esprit même de ceux qui en ont été les temoins, & dont le Prince craignoit autrefois les reproches muets.

Il y a des gens qui s'étant apperçûs de cet inconvenient, ont crû qu'il étoit à propos, *de battre*, comme on dit, *le fer pendant qu'il est chaud*; & lorsqu'ils ont été employez à quelque chose, ils ont commencé par songer aux moyens de se faire récompenser ; sachant bien que la memoire des services passez oblige bien moins les Princes à récompenser, que l'esperance de ceux qu'on peut leur rendre à l'avenir ; n'ignorant pas d'ailleurs qu'il vaut mieux être obligez aux

Princes, que si les Princes nous étoient obligez ; parce qu'ils croyent que tous ceux qu'ils ont obligé leur veulent du bien, au lieu qu'ils n'ont que de l'aversion pour ceux à qui ils sont redevables, parce qu'ils sont persuadez que ceux ausquels ils ont refusé quelque chose n'ont aucun veritable amour pour eux. Nous apprenons de Philippe de Comines que c'étoit là le sentiment de Louïs XI. Roi de France.

Il semble que les Princes devroient aimer d'un amour solide les Ministres de leurs plaisirs, & à dire vrai ils les aiment avec quelque constance, c'est à dire aussi long-temps que l'inclination du Prince le porte du côté du plaisir. Mais d'abord que cette inclination change, leur affection change aussi. Quelquefois aussi les Princes venans à aimer la vertu, regardent avec horreur les instrumens de leurs plaisirs. Mais comme les Princes ont certaines inclinations plus durables que les autres, ils aiment aussi, comme j'ai déja dit, les Ministres dont ils se servent pour cela d'une amitié plus durable, & proportionnée à la nature de leur passion.

CHAPITRE XXXIX.

Divers preceptes touchant les plaisirs, & les inclinations des Princes, &c.

JE ne parlerai point ici de tous les plaisirs auxquels les

Princes ont naturellement du penchant, parce que ce n'est pas sur tous qu'un homme doit bâtir les esperances d'une grande fortune. Les passions qui dominent chez les Princes, & qui leur sont le plus familieres, se réduisent à trois, qui sont l'impudicité, la cruauté, & l'avarice. Comme la premiére est plus violente que toutes les autres, aussi est-elle plus incertaine & plus inconstante ; car quoi que ce vice ne change pas quant au sujet, il change quant à l'objet. Cependant c'est là-dessus que plusieurs ont jetté les fondemens de leur fortune, & n'ont point fait de difficulté de prostituer leurs femmes pour aquerir la faveur du Prince. C'est ainsi qu'Othon en usa, comme nous l'apprenons de Tacite; cependant son infamie ne lui fut point avantageuse, car Neron l'éloigna de la Cour pour se délivrer d'un si fâcheux Rival.

Il y en a d'autres qui pour s'assûrer de l'amitié des Princes, se rendent les témoins & les compagnons de leurs crimes & de leur impudicité, & nous avons sur cela l'exemple de Tigellin. Ces gens-là ne font point reflexion que le Prince a une ressource pour se disculper envers le public & se mettre à couvert de l'envie, & que cette resource est de sacrifier souvent ces sortes de gens à la haine publique. En effet les Ministres de l'impudicité des Princes ne doivent pas esperer d'autre destinée que celle de Remire de Orco, Ministre des cruautez de Cesar Borgia, que ce Prince fit enfin massacrer, comme étant coupable de tous les maux qu'il avoit fait.

L'exemple de ce Remire nous apprend quelle est la destinée de ceux qui sont les Ministres des cruautez du Prince ; car il est rare qu'ils en soient aimez long-temps, soit parce qu'il lit en gros caracteres, par maniere de dire, son crime dans leurs yeux, toutes les fois qu'il les voit, soit parce qu'il craint des gens qu'il connoît capables de tant de méchācetez. Neron tout cruel & tout endurci dans le vice qu'il étoit, eut aprés la mort de sa Mere de l'aversion pour

Anicete, & le regarda comme un homme dont la présence lui reprochoit tous les jours son parricide.

L'avarice est de toutes les passions la moins sujette au changement. Elle ne change point d'objet comme l'amour : l'âge l'augmente au lieu de la diminuer ; & quoi qu'elle ne soit pas moins odieuse que la cruauté, cependant on la souffre plus long-temps, parce que les besoins publics, l'épargne, & le bien commun sont les prétextes dont elle couvre toutes ses exactions. Les Ministres donc de l'avarice des Princes peuvent se maintenir long-temps en faveur, c'est à dire tant qu'ils ne sont pas méchans & de mauvaise humeur, & qu'ils ne s'abandonnent pas trop à l'envie de s'enrichir; défauts trés-ordinaires à ces sortes de gens.

La mauvaise humeur qui va le plus souvent jusques à insulter les gens, rend le Prince odieux, & est odieuse elle-même. Le Prince à la fin se défera d'un homme de cette humeur, pour se mettre à couvert de l'envie que lui attireroit un esprit si bizarre & si bourru.

Les richesses sont encore exposées à l'envie, non seulement de la part du peuple, mais aussi de la part du Prince. S'il est veritablement avare, difficilement sera-t-il content qu'il n'ait exprimé l'épôge jusqu'à la derniere goutte, comme Vespasien avoit accoûtumé de faire, ou pour mieux dire, il fera de ses riches Ministres comme des pourceaux qu'on engraisse, qu'on tuë, & qu'on mange. La France a eu plusieurs personnes de ce caractére, & nous lisons dans ses Histoires que des Ministres étant devenus orgueilleux & méchans, & s'étant entêtez du desir de s'enrichir trop promptement, se sont perdus par leur avidité & par leur insolence, & du faîte de la grandeur se sont précipitez dans l'abîme du neant, s'il est permis de parler ainsi.

Du temps de Philippe le Bel, Pierre Berchias grand Chambellan, & Trésorier de France, fut étranglé à Paris. Louïs surnommé le Hutin, fils de Philippe, étant ensuite parvenu à la Couronne, traita de même Enguerrand de Marigni sous Charles VII. Gyac Favori du Roi, premier Chambellan, & Sur-intendant des Finances, fut mis en justice, ensuite cousu dans un sac, & jetté dans la Riviere; Camus de Beaulieu qui luy succeda, fut tué à Poitiers; & Pierre des Essarts eût eu la même destinée sous Philippe premier, s'il n'eût racheté sa vie par cent mille Florins qu'il paya.

Je pourrois trouver des exemples sans sortir de nôtre Angleterre, n'étoit que je suis bien aise de ménager la memoire des coupables. Au reste ce que nous venons de dire suffit pour nous apprendre, que comme les trop grandes richesses de ces Ministres sont préjudiciables aux intérêts du Prince; aussi leur insolence, leur avarice, & leur bizarrerie leur attirent la haine de tout le monde, & sont enfin la cause de leur perte. Et que comme nous ne devons pas perdre l'occasion de nous enrichir lors que nous le pouvons faire par des moyens justes & honnêtes, aussi ne faut-il pas paroître trop avides des richesses, ni entasser trésors sur trésors, si nous ne le pouvons faire sans nous exposer à l'envie de tout le public.

CHAPITRE XL.

Conclusion de l'ouvrage, où sont proposez plusieurs conseils choisis & necessaires.

IL ne nous reste plus qu'à dire un mot du dernier motif qui oblige les Princes à aimer les Courtisans, c'est à dire à cause de leurs qualitez personnelles, & parce qu'ils les trouvent actifs & capables de conduire leurs affaires. Ainsi lors que nous voyons que le Prince nous traite agréablement, il faut examiner s'il aime nos talens & nôtre capacité parce qu'il en a besoin, & qu'il y trouve de l'utilité, ou parce qu'il veut se rendre capable luy-même par nôtre secours. Si nous ne plaisons que parce que nous sommes necessaires, comptons que l'amitié qu'on a pour nous ne durera qu'autant que la necessité qui l'a fait naître, subsistera, & que cette amitié est plûtôt forcée que volontaire.

Si nous voyons que le Prince aspire à la gloire de se rendre habile dans les affaires, comptons à coup sûr que quand il verra qu'il ne peut nous égaler ou nous surpasser, il nous regardera de mauvais œil, & n'aura plus pour nous les mêmes égards: car les Princes aussi bien que les particuliers desirent naturellement d'aller plus loin que les autres dans les choses auxquelles ils s'appliquent; & il n'y a point d'homme qui soit bien aise de se voir inferieur en cela à ceux qui sont au dessous de luy. Asinius Pollio étant sollicité de répondre à des Vers qu'Auguste avoit faits contre luy, répondit, *qu'il ne vouloit point écrire contre un homme qui pouvoit le proscrire.* Il survint une dispute au sujet d'un mot entre l'Empereur Adrien & le Philosophe Favorinus, où le dernier fit semblant de se rendre: ses amis en furent surpris; mais il leur dit pour les consoler, *il ne m'est point honteux d'être vaincu par un homme qui commande trente Legions.*

Ce que dit Salomon sur ce sujet est digne d'une singuliere attention : *Ne faites point le Sage devant le Roy*, dit ce grand Prince. Il faut donc que celuy qui cherche à gagner la faveur du Prince, mette à part le desir de sa propre gloire, & qu'il paye de complaisance non seulement dans les disputes de mots, mais même par tout ailleurs. Et pour cet effet il sera bon de faire quelques fautes à dessein; mais il faut prendre garde que ces fautes ne soient pas trop grossieres, & capables de faire beaucoup de tort à nôtre reputation.

Il paroît par ce que nous avons dit jusqu'icy, combien peu de certitude il y a dans toutes les grandeurs de la Cour. Le meilleur conseil donc qu'on puisse donner à tous les Courtisans, est, de se préparer à tomber; car quoi qu'on croye qu'il est plus genereux de combatre que de prendre la fuite, lors que nous sommes une fois entrez dans cette Lice; cependant si le peril du mal est plus grand que l'esperance du bien, il est de la prudence de songer aux moyens de faire une retraite honorable, & comme les Parthes de se battre en fuyant.

Il est aussi plus glorieux de décendre honnêtement par degrez, & de sortir par la porte, s'il faut ainsi dire, que d'être jetté par la fenétre. Il est donc moins honteux de se défaire de ses charges & de ses dignitez sous des prétextes plausibles, que d'attédre qu'on en soit depouillé d'une maniére desagréable. Et c'est icy qu'on peut fort bien appliquer ce mot d'un ancien Romain : *Pourquoi fatiguer ainsi la fortune ? quitte la Cour, & n'attens pas qu'on t'en chasse.*

Seneque dit *qu'on est heureux lors qu'on meurt au milieu de sa felicité* ; mais je dis au contraire qu'un Courtisan est heureux lors qu'il se retire de la Cour au milieu de ses prosperitez. Ceux qui prendront ce parti ne seront peut-être pas applaudis de tout le monde ; mais au contraire ceux qui ne jugent des choses que par les dehors les regarderont comme des gens indignes de la fortune, puisqu'ils l'abandonnét de cette maniere. Quoi qu'il en soit, le Sage sans se mettre en peine de ces petits discours, cherchera de bonne heure les moyens de se mettre en sureté, & se souviendra, qu'il n'y a point de de jeu d'où il ne vaille mieux se retirer avec gain qu'avec perte ; & qu'il n'y a point d'homme sage qui veüille changer, ou risquer le certain pour l'incertitude même.

Quoi que nous ne montions que par degrez aux honneurs & aux dignitez, nôtre chûte arrive le plus souvent tout à coup, à moins que nous ne nous y soyons préparez à l'avance. Ainsi si ceux qui sont au faîte de la faveur & de l'autorité viennent une fois à glisser ou à broncher, leur chûte est d'ordinaire fatale, & sans esperance de retour.

Voilà sommairement tout ce que j'avois à dire pour l'instruction de nos Courtisans. Si les maximes que j'ay posées sont bonnes ou mauvaises, c'est de quoi je ne déciderai point ; mais j'en laisserai le jugement à la sagesse & à l'experience de mes amis. Quant à moi, je puis dire que je n'en ai pas grand besoin de l'heure qu'il est, & que bien loin de me chagriner de ma retraite & de la condition de simple particulier où je suis à present, je dis avec plaisir aprés Seneque ; *que celui qui cherche les grandeurs de la Cour monte au faîte des honneurs ; que sa fortune réponde à ses desirs : pour moi je n'ambitionne que la douceur & la tranquilité d'un paisible repos, &c.*

FRAGMENS
OU
REMARQUES
DE
ROBERT NANTON,

Sur le Regne & sur les Favoris de la Reine Elisabeth.

LA Reine Elisabeth étoit fille de Henri VIII. & d'Anne de Boulen la seconde de ses six femmes, qui devint Reine de fille d'honneur qu'elle étoit de Catherine d'Autriche, ou comme on parle, de l'Infante d'Espagne que ce Prince avoit repudiée.

On ne peut douter qu'Elisabeth ne fût d'une naissance tres-éminente du côté de son pere, puis qu'à cet égard elle est décenduë du plus illustre Sang de la Chrêtienté. Et il est remarquable que le Sceptre ayant été enlevé à la Maison Royale des Bretons par l'invasion des Saxons, & ensuite par la conquête des Normans, soit revenu dans cette même Maison en la personne de Henri septiéme son grand-pere, par la vicissitude des temps, & aprés une interruption de prés de mille ans; & non seulement le Sceptre, mais aussi tout ce que les Germains, les Normans, les Bourguignons, & les François avoient conquis, auſſi bien que ce qui étoit venu des Mariages qui s'étoient faits durant huit cens ans.

Elle n'étoit pas de race Royale du côté de ſa mere, mais elle étoit Noble, & de l'ancienne Maiſon de Boulen ; & ceux qui la font roturiere ſe trompent groſſierement. Ce qui les a fait tomber dans cette erreur, eſt, qu'il y eut un Cadet de cette Famille, qui prévoyant la grandeur où ſa Maiſon a'loit être élevée, fut envoyé à Londres pour y gagner du bien, *ad ædificandum antiquam Domum.* Il fut élû Maire de Londres, & ſon frere aîné étant mort ſans enfans mâles, il fut heritier, comme il a été averé, & de ſa qualité & de ſon bien. Ces avantages joints ensemble porterent en peu de temps cette Maison au faîte de la grandeur, & lui procurerent tout à coup des alliances dans les meilleures Maisons d'Angleterre & d'Irlande, & entr'autres dans celle de Hovvard, d'Ormond, & de Sackvile.

Voilà en gros son origine. Passons maintenant à sa personne, & voyons comme elle parvint à la Couronne par la mort de son frere & de sa sœur. Edoüard son frere l'aimoit beaucoup, & elle fut sous son Regne l'une des favorites de la fortune. Car outre les liaisons du sang, il y avoit tant de sympathie dans l'humeur de ces deux personnes, sans compter la conformité de Religion, qu'ils vécurent toûjours en bonne intelligence, & ne furent pour ainſi dire qu'un même cœur. Leur tendreſſe mutuelle étoit ſi grande qu'Edoüard l'appelloit toûjours ſa tres-chere ſœur. A peine pouvoit-il ſupporter ſon abſence ; mais ce n'étoit pas la même choſe entre lui & ſon autre ſœur. Eliſabeth trouva ſa condition bien changée ſous Marie : car il fut réſolu, & ſa deſtinée en avoit ainſi decidé, qu'on lui feroit apprendre ce que c'eſt que l'affliction, & qu'on l'expoſeroit à pluſieurs épreuves ; mais comme la divine Providence ſait tirer le bien du mal, ces épreuves & ces afflictions ne ſervirent qu'à la mieux former pour la conduite d'un grand Royaume. Ses peines finirent enfin, & la Fortune se ressouvenant que le temps de sa servitude étoit expiré, la mit en liberté, & luy donna le Sceptre environ l'an vingt-sixiéme de son âge. Et comme elle avoit été exposée pendant ce temps-là aux bons & aux mauvais vens, qui avoient raffermi son corps, aussi avoient-ils meuri les qualitez de l'esprit: l'adversité l'avoit épurée, & mise en état d'exercer ses vertus. Et de vrai il semble que la Fortune avoit pris à tâche de faire connoître à cette Princesse sa legereté & son inconstance, en la conduisant comme elle fit à la felicité qui lui étoit destinée au travers d'une infinité de variations & de contretemps. Elle étoit grande & bien faite, son teint & ses cheveux étoient beaux, & elle avoit bon air, le nez haut, les membres & les traits bien faits, & ses agrémens exterieurs étoient soûtenus par un air grand & majestueux. Elle ressembloit de ce côté-là à son pere plus qu'à sa mere qui n'avoit pas cette majesté, mais en revanche elle avoit plus de douceur & d'affabilité, qualitez qui sont bien-seantes à la Majesté Royale. Et comme la fille avoit herité des vertus de sa mere, son esprit avoit encore plus de douceur, & par consequent elle étoit plus du goût du peuple dont elle avoit gagné le cœur. Comme le naturel rude & severe de son pere étoit temperé en elle par la douceur des inclinations de sa mere, le peuple l'appelloit une tres-bonne Princesse. Je dis que son pere étoit d'un esprit rude & severe, c'est parler modestement ; car pour faire son portrait d'aprés lui-même, on peut dire que jamais homme n'échappa à sa colere, ni femme à son impudicité.

Si nous entrons plus avant, & qu'il faille examiner ses connoissances & les qualitez de son esprit, il n'y a qu'à jetter les yeux sur tout le cours de son Regne qui remplira la posterité d'admiration, & qui sera le monument éternel des rares talens de cette Princesse. On y trouve depuis un bout jusqu'à l'autre une grandeur d'ame incomparable, fondée sur la justice & sur son atachement à sa religion, si vous en exceptez une seule action qu'on pourroit regarder comme une tache; car pour ce qui regarde les autres severitez qu'elle a exercées elles sont legitimes ou par elles mêmes, ou par la necessité. Elle étoit savante plus qu'on ne pense, si l'on considere son sexe & le tems auquel elle a vécu, car les Lettres que les nuages épais de l'ignorance Romaine avoient obscurcies, ne commençoient que depuis peu à refleurir. La maxime dominante des tems précedens étoit de regarder l'ignorance comme la mere de la devotion. Elle fit long-temps la guerre plus pour secourir les Princes & Etats étrangers, que pour faire des conquêtes, mais enfin la politique ordinaire luy fit concevoir qu'il étoit plus sûr de porter la guerre chez les Etrangers, que de l'attendre dans fes Etats. La fortune & la victoire favoriferent toutes fes entreprifes. Les changemens qu'elle fit dans la Religion à fon avenement à la Couronne, & dans un temps où la memoire de la mort de fa fœur étoit encore toute recente, ne font pas les moins confiderables endroits de fon Regne. Mais de s'étre établie fur le Trône, de s'y être maintenuë, & d'avoir trouvé moyen de fe tirer de tout au milieu de tant d'ennemis étrangers puiffans & redoutables, & d'une infinité de cabales domeftiques, c'eft ce me femble une chofe qui furpaffe la sagesse humaine. Aussi reconnut-elle pieusement après le decés de sa sœur que la gloire de sa délivrāce étoit le pur ouvrage de Dieu. Le même jour qu'elle reçût la nouvelle de la mort de sa sœur, elle apprit aussi qu'elle avoit été proclamée Reine du consentement géneral & unanime de la Chambre & du peuple. Sur cela elle se mit à genoux, & aprés avoir respiré pendant quelque tems, elle prononça ces mots du Pseaume, *à Domino factum est istud, & est mirabile in oculis nostris* ; paroles qui sont encore aujourd'huy sur sa monnoye d'or, & sur celle d'argent celles-cy, *posui Deum adjutorem meum.* Ses Ministres qui partageoient ses soucis, & portoient une grande partie du faix des affaires, furent en grand nombre, & même des personnes considerables; mais ils furent ses favoris & non pas ses mignons ; & ils agissoient plus par les maximes & par le bon sens de la Princesse, que selon leurs volontez & leurs desirs; ce qu'elle pratiqua jusqu'à la fin. Nous ne trouvons ni Gavestons, ni Veres, ni Spencers *a* qui ayent gouverné seuls durant quarante quatre ans ; ce qui fut une maxime sage & bien établie, car cela la faisoit plus estimer & plus respecter, cela étoit plus agréable aux peuples, & prévenoit l'envie, qui ne manque jamais d'éclater contre le Prince même par tout où il y a

a Favoris des Rois d'Angleterre, qui ont causé mille desordres dans l'Etat.

seulement ce qu'on appelle *Amator Palatii.*

Ce qu'il y a de plus remarquable sur le Regne de cette Princesse est, qu'elle regna beaucoup par les factions & par les partis qu'elle faisoit elle-même, qu'elle soûtenoit, & qu'elle ruinoit, selon que sa grande prudence lui inspiroit. Car je ne suis pas du sentiment communément reçû, que Milord de Leicestre étoit absolu, & qu'il étoit plus en faveur que personne. Quoi que je ne sois pas instruit de toutes les circonstances de ces temps, je puis dire pour ne battre pas la campagne & ne tirer pas à coup perdu, que je sais de bonne part qu'il n'en étoit pas ainsi. Pour preuve de cela je pourrois alleguer plusieurs faits, mais je me contenterai d'un seul, qui est de notorieté publique. Bovvyer Gentilhomme de la verge noire, ayant reçû ordre exprés de la Reine d'examiner avec soin ceux qui se presenteroient pour entrer dans le cabinet, arrêta un jour un Capitaine fort bien fait, & de la suite de Milord de Leicestre, parce qu'il n'étoit ni bien connu, ni du nombre des serviteurs de la Reine qui avoient prêté le serment. A ce refus, le Capitaine comptant fort sur la faveur du Milord, dit à Bovvyer qu'il pourroit bien le faire casser. Leicestre étant intervenu dans le démêlé, dit publiquement à Bovvyer contre sa coûtume, qu'il étoit un coquin, & qu'il ne garderoit pas long-tems son Office; & là-dessus il entra dans la Chãbre. Bovvyer Gentilhomme hardi & aimé de la Reine, devança Leicestre, se jetta aux pieds de Sa Majesté, lui conta l'avanture, lui demanda humblement quelle étoit sa volonté, & si Milord de Leicestre étoit Roi, ou Sa Majesté Reine ? Elle répondit à cela par son jurement ordinaire, & dit en s'adressant à Leicestre, *morbieu, Milord, je vous ai voulu du bien, mais ma faveur ne vous est pas si fort affectée, que je n'en fasse part aux autres ; car j'ai plusieurs serviteurs ausquels j'ai donné & veux donner ma faveur comme il me plaira, & la reprendre de même ; & si vous croyez faire ici le Maître, je trouverai les moyens de vous en fai-*

re sortir. Je ne veux ici qu'une Maîtresse, & point de Maître; & prenez garde qu'il ne lui arrive rien de mal, de peur qu'on ne vous en fasse rendre un compte rigoureux. Cela rendit Milord de Leicestre si doux, que sa feinte humilité fut long-temps l'une de ses plus belles vertus. De plus le Comte d'Essex qui étoit alors Chambellan fut jusqu'à sa mort l'Antagoniste déclaré de Milord de Leicestre. Quant à Milord Honsdon & au Chevalier Thomas Sackvile, qui fut ensuite Milord Tresorier (car tout cela fut contemporain) le dernier avoit accoutumé de dire d'eux qu'ils étoient de la Tribu de Dan, & ce qui s'appelle *noli me tangere*; voulant dire qu'ils n'étoient pas gens avec qui l'on pût contester ; car ils étoient au pied de la lettre parens proches de la Reine. De là & de plusieurs autres preuves que je passe sous silence, je conclus, qu'elle étoit Maîtresse souveraine & absoluë de ses graces, & que tous ceux qui eurent part à ses faveurs dépendirent toûjours de ses volontez, & ne se soûtinrent qu'autant que la Reine le voulut, ou qu'elle fut satisfaite de leur conduite. Faisons encore une remarque que tout le monde sait, & disons qu'encore qu'elle fût trés-capable de conseil, elle ne laissoit pas d'être assez absoluë dans ses résolutions ; ce qui parut toûjours jusqu'à la fin dans la répugnance invincible qu'elle eut de ne faire aucune grace à Tirone, quoique le Conseil d'Etat en corps le luy demandât souvent avec empressement par des raisons fort pressantes, & je puis dire hardiment fondées sur la necessité, puisque les Etats de son Royaume étoient alors assemblez. Si nous examinons la pente de son esprit, qui étoit la liberalité & la frugalité, nous trouverons qu'il y a plusieurs notables considerations à faire sur ce sujet; car toutes ses dispensations étoient tellement pesées, qu'encore que la prudence & la justice tinssent toûjours la balance égale, il étoit difficile qu'elle tombât dans l'excés, son âge étant aussi meur, & son jugement aussi solide qu'ils l'étoient. Parlons en particulier de son humeur bienfaisante

& de sa frugalité.

Nous n'avons pas beaucoup d'exemples de sa liberalité, & nous ne trouvons pas qu'elle ait fait des dons considerables à des particuliers, si nous en exceptons celui qu'elle fit à Milord d'Essex, qui étoit à la verité un present de Prince, & quelques autres moins considerables qu'elle fit à Milord de Leicestre, Haton, & autres. Les récompenses qu'elle donnoit consistoient principalement en Brevets de Charges civiles & militaires; mais pour l'argent comptant elle en étoit fort ménagere, & rarement donnoit-elle de grosses sommes; œconomie qu'elle devoit à la necessité de ses affaires plûtôt qu'à son naturel, car elle eut jusqu'à la fin une infinité de dépenses à faire. Je suis du sentiment du Chevalier VValter Raleigh, qui croit que plusieurs braves hommes de guerre de nôtre tems avoient éprouvé les effets de sa bonté un peu plus qu'en paroles & en démonstrations de bonne volonté, car elle paya toûjours bien ses Troupes, ce qui est un des beaux endroits de son Regne, & un honneur auquel l'Espagnol son grand ennemi ne pût parvenir. Sa frugalité alloit un peu plus loin que sa bonté; mais au fond l'on peut dire que ces deux vertus étoient si bien reglées, que quand elle faisoit de la dépense, elle la faisoit avec honneur, & que quand elle épargnoit, la necessité de ses affaires l'y obligeoit. Nous pouvons dire que l'expedition d'Irlande fut la maladie & la consommation de son temps, car elle ne finit qu'avec sa vie; & elle y fit tant de dépense que peu s'en falut que son Etat n'en fût incommodé, & qu'elle n'en souffrît elle-méme. Elle n'en fut presque point satisfaite depuis le commencement jusqu'à la fin, car ses armes étant accoûtumées à la prosperité, & cette expedition ne répondant pas à son attente & aux progrés qui luy furent ordinaires pendant long-temps, cette guerre fut malheureuse & de grands frais, & d'autant plus chagrinante que c'étoit une suite de l'exemple qu'elle méme avoit donné. Car comme la Reine pour faire diversion, avoit au commencement de son Regne soûtenu les Hollandois qui s'étoiént rebellez, de même le Roi d'Espagne tournoit sa ruse contre elle-même en fomentant la rebellion des Irlandois. Examinons icy l'état du Royaume, & jusqu'où les Revenus de la Couronne pouvoient aller. Si nous considerons le Gouvernement de ce temps-là, la liste de l'Armée Irlandoise, la défaite de Black-water, & toutes les dépenses précedentes, depuis l'entreprise que fit Milord d'Essex pour la prise de Kingsal sous le Général Montjoy, & quelque temps aprés, nous trouverons que la Cavalerie & l'Infanterie faisoit durant trois ou quatre ans consecutifs une Armée de prés de vingt mille hommes. Ioignez

gnez à cela la Flotte que la Reine étoit obligée d'avoir toûjours en Mer, ou pour tenir les Espagnols en échec, ou pour surprendre les forces qu'ils envoyoient au secours des Irlandois. De sorte que cette guerre coûtoit tous les ans à la Reine 300000. livres Sterling pour le moins; dépenses que l'Etat & le revenu de la Couronne n'auroit pû porter gueres plus loin sans le secours du public, comme on peut s'en convaincre par les plaintes qu'elle faisoit au Député Mountjoy dans les frequentes Lettres qu'elle luy écrivoit, avec ordre de congedier ses Troupes le plûtôt qu'il pourroit; car il est certain que la Reine étoit alors à l'étroit.

Nous avons, il est vrai, un

P

penchant naturel à loüer le passé, & à blâmer le présent. Mais la reputation qu'Elisabeth s'est aquise pendant tout le cours de son Regne, fait voir qu'elle a toûjours soûtenu la Majesté Royale, & fait de grandes choses sans opprimer ses sujets & sans les faire murmurer. Mais cette verité paroîtra plus clairement si nous entrons un peu dans le détail du respect & de la veneration que les Anglois ont eu pour une si grande Princesse; & si nous considerons en passant la confiance qu'ils avoient en elle. Il est certain qu'elle a laissé plus de dettes à payer, & qu'elle en a plus fait sur son seul credit, que n'en ont fait, ou n'avoient pû faire ses prédecesseurs durant cent ans. Et ce fut un chef-d'œuvre de politique de rejetter, comme fit cet illustre Défunte, le fardeau des affaires sur ceux qui étoient les plus capables de le porter, dans un temps où elle ne pouvoit le soûtenir par ses propres revenus, & que ses pressans besoins requeroient de prompts secours, qui seroient venus trop tard, s'il avoit falu attendre les longues décisions d'un Parlement Il est constant aussi qu'elle a plus reçû de ces sortes de secours, & en même tems de l'amour de ses peuples, qu'aucun de ses deux prédecesseurs ; bonheur dont elle ne fut redevable qu'à elle-même, c'est à dire à sa bonne conduite, & si je l'ose dire sans blesser le respect que je dois à sa memoire, aux graces qu'elle répandoit avec profusion sur tous ses sujets indifferemment. Je puis dire sans temerité que jamais Prince n'a été plus délicat sur le point d'honneur, ni plus jaloux des droits de la Souveraineté ; jamais Prince n'a mieux ménagé ses sujets, je dis même les gens du commun, ni n'a été plus humble & plus familier que cette Reine, lors qu'elle paroissoit en public, soit à la promenade, soit ailleurs, soit qu'il fût question de demander quelque chose à son peuple.

Quoi qu'on puisse beaucoup loüer sa grandeur d'ame, comme ont fait ses Parlemens, & qu'on puisse dire à sa gloire qu'elle s'est toûjours tirée de tout avec honneur & avec avantage ; il est pourtant vrai que nous ne saurions nous empêcher de reserver une partie de nôtre encens à la sagesse des temps, & au choix des Membres du Parlement : car je ne trouve point qu'il y eût de ces contestations violentes & opiniâtres qu'on a vû depuis. On choisissoit des personnes graves & sages, qui avoient la reputation d'être paisibles & sans ambition ; & qui ne venoient point à la Chambre avec un esprit mal intentionné & litigieux, mais ils s'y rendoient préparez à donner leur avis sur ce qui regardoit le bien public, & à dessein de condescendre aux desirs de sa Majesté, & non en vûë de les traverser. Je ne trouve pas non plus qu'on choisit trop de jeunes têtes pour

Membres du Parlement, comme on a fait en ces derniers temps. Cela me fait souvenir du discours que fit le Recorder *a* Martin environ l'an dixiéme du Régne de nôtre Roi Jaques *b*, au sujet de l'examen de quarante Gentils-hommes qui n'avoient pas plus de vingt ans, & quelques-uns pas plus de seize, où il dit que la coûtume ancienne étoit que les vieux faisoient des loix pour les jeunes, mais qu'alors ce n'étoit plus cela, & qu'on choisissoit au contraire pour composer le grand Conseil de la Nation, des enfans qui renversoient l'ordre & la nature

---

a *C'est comme qui diroit Greffier, car cet Officier est le Dépositaire des Regîtres & Archives de la ville.* b *C'est Jaques I. d'Ecosse.*

des choses, & faisoient des loix pour la direction de leurs peres. Ce qu'il y a de sûr est, que le Parlement consideroit toûjours la cause commune, & qu'il voyoit que la Reine avoit juste sujet, & grand besoin d'implorer son assistance. Je n'ai point de memoire qu'il ait jamais balancé, ou préferé ses interêts particuliers aux interêts publics, confondus avec les besoins de la Reine, &c. Mais il prenoit son temps, & accordoit premierement un subside à proportion des necessitez presentes. Cela n'empêchoit pas que le Parlement n'obtint à la fin ce qu'il souhaitoit, de sorte que la Reine & son Parlement ont toûjours eu le bonheur de se separer.

bons amis & réciproquement satisfaits. On n'a pas suivi cet exemple dans nos dernieres assemblées aussi exactement qu'on l'auroit pû, ou qu'il eût été à souhaiter qu'on l'eust fait. Car si l'on considere les grandes dettes qui ont été laissées au Roï, & les embarras où le Parlement même l'avoit alors jetté, Sa Majesté ne fut pas bien traitée. Cependant je ne voudrois pas aprés tout condamner tout le Corps du Parlement, où le Roi avoit plusieurs bons amis, car j'ose soustenir que s'il eust êté purgé de demi douzaine de Mécontens, dont on auroit autant parlé que de celui qui brusla le Temple d'Ephese, car on parle du mal aussi bien que du bien, j'ose soustenir, dis-je, & je suis assuré, que le Roi auroit obtenu ce que la raison auroit dû obliger de lui donner genereusement & sans condition aussi-tôt qu'il fut en possession du Trône. Pardonnez-moi cette digression que je n'ai faite que par un motif de veritable zele pour le bien public, & pour servir d'avertissement pour l'avenir, & non en vûë de changer les choses. Car je n'ignore pas les mouvemens que fait à present le Royaume pour faire reparation à Sa majesté en toutes occasions, & avec quelle passion ses Sujets souhaitent d'expier la faute qu'ils ont faite quoi qu'il leur en coûte. S'il plaît à sa Majesté d'éprouver leur affection, elle verra le cas qu'ils font à present de son courage

& de sa bonté. Revenons à Elisabeth.

Elle savoit que comme la force de son Royaume consistoit dans le grand nombre des Sujets, aussi la sûreté de sa personne dépendoit de l'affection de son Peuple; verité dont elle étoit si fort persuadée, que quelques-uns ont crû qu'elle avoit fait tort en cela à la superiorité de son esprit & à sa magnanimité naturelle. Quoi qu'il en soit, une marque assûrée de sa sagesse, est, qu'elle a toûjours écouté ce qui lui étoit avantageux; car elle ne dédaignoit pas les avis des personnes les plus mediocres. C'est dequoi nous pouvons donner un exemple considerable. Le nommé Carvvarden Officier subalterne du Bureau des Doüanes, ayant pris son temps, lui présenta un écrit par lequel il lui faisoit voir combien elle étoit fraudée dans la direction de ses Doüanes, suppliant au reste tres-humblement Sa Majesté de ne pas le découvrir, parce que l'affaire intéressoit deux ou trois de ses grands Conseillers, que Smith Fermier des Doüanes avoit corrompus en leur donnant deux cens livres Sterl. chacun. Les Seigneurs intéressez ayant eu connoissance du fait, donnerent ordre exprés de ne laisser point approcher Carvvarden. A la fin Sa Majesté sentit la ruse, & ne voyant plus cet homme, elle l'envoye querir, & l'exhorte à soûtenir l'avis qu'il lui avoit donné, & à continuer de lui apprendre ce qui se passeroit. Il le fit si bien qu'en dix ans de temps il contraignit Smith de doubler le prix de son Bail, ou de le laisser à de nouveaux Fermiers. Remarquons ici que les Membres du Conseil de la Reine n'étoient pas tous de saints personnages.

Aprés avoir parlé des circonstances particulieres de son temps, de son genie, & de ses necessitez, il ne sera pas hors d'œuvre de dire un mot des ressources & des avantages de son regne, qui furent incomparables, car elle n'avoit à entretenir ni époux, ni frere, ni sœur, ni enfans. Comme tout cela dépend de la Couronne, c'est d'elle aussi qu'il tire necessairement sa subsistance, & c'est souvent cela même qui l'épuise, sur tout lorsque le Prince a beaucoup de freres, & qu'il y a plusieurs Princes du sang, comme du temps d'Edoüard III. & de Henri IV. Quand la Couronne n'est pas en état de leur donner un Apanage qui réponde à leur qualité, le public est obligé de le faire ; car ils font la gloire & les esperances du Royaume, & le public qui en recueille le fruit doit prendre, à ce qui les regarde, le même intérêt que le pere qui leur a donné le jour. Nôtre Loi commune qui est l'heritage du Royaume, a de tout temps pourvû aux apanages des aînez, soit mâles, soit femelles. De sorte que la multiplicité des Cours, & les grandes dépenses que le Roi & la Reine, le Prince & la Famille Royale sont necessairement obligez de faire, sont des choses qui n'ont point été *in rerum natura*, durant l'espace de quarante ans, considerations dont la memoire s'est perduë par succession de tems. Cela est si vrai que les secours qui furent donnez au Prince Henri, & à sa sœur Elisabeth, furent d'abord reçûs en general comme de nouveaux impôts. Et même ceux qui furent établis en dernier lieu pour l'Ordre de Chevalerie, quoique fondez sur une ancienne loi, furent aussi regardez comme une taxe de nouvelle invention. C'est pour cela qu'il demeura long-temps caché sous les cendres du feu de la division des Maisons d'Yorc & de Lancastre, qu'il fut oublié, ou negligé par les Princes suivans. Ce qu'il y a donc de surprenant & de remarquable dans le regne d'Elisabeth, & en quoi il est different des regnes précedens, est, que cette Reine prit au delà de ce que les Loix luy donnoient sans que le peuple en murmurât, & que ses successeurs ne prirent rien que ce qui leur revenoit par les Loix; cependant leur action fut regardée, mal à propos à la verité, comme un attentat contre les libertez du Royaume.

Comme nous n'avons dit jusqu'ici de ses Favoris par voie de préliminaire, que des choses qui sont de la connoissance de tout le monde, je crois qu'il est necessaire, avant que d'entrer dans un détail plus circonstancié, de dire un mot des reliques du regne précedét, je veux dire du Conseil d'Etat de sa sœur, qu'elle retint en son entier, elle ne cassa ni ne mécontenta personne, quoiqu'elle sçût bien que ce Corps ou la plûpart des Membres dont il étoit composé, n'étoit pas ami de sa Religion, & qu'elle le regardât comme ayant eu part à ses peines & à sa captivité. Sa sœur ne fut pas si prudente, car non contente de casser le conseil de son frere, elle persecuta la plûpart des Conseillers. Mais il est certain que quelque complaisans & soûmis qu'Elisabeth trouvât les Conseillers de sa sœur, elle ne les consulta que les jours ordinaires de leur assemblée ; car sa Tête étoit son meilleur conseil. Cependant elle ne les dispersa pas, ni ne fit d'abord aucun changement quant à leurs charges : de sorte que nous pouvons dire d'eux, qu'ils étoient de la Cour, & non du Conseil. Pendant qu'elle les amusoit sur les points controversez par les deux Eglises, elle prenoit ses résolutions sans leur rien communiquer, & les executoit de même ; de sorte que les dépositaires de son secret étoient placez & établis avant qu'on sçût à quoi la Cour vouloit se déterminer. Je ne vois pas qu'aucun des Conseillers de sa sœur fût opposé à sa Religion, ou à ses entreprises, si vous en exceptez Englefield, Général de la Cavalerie, qui se retira volontairement du Conseil ; & sortit bien-tôt aprés de ses Etats. Ils étoient si soûmis & si complaisans, que le changement de temps & de Souverain produisit aisément le leur. Je ne saurois m'empêcher de vous faire sur ce sujet un conte divertissant & de notorieté publique.

Paulet Marquis de VVinchester, & grand Trésorier, servit sous quatre Princes, & se sentit si peu des divers changemens qui arriverent dans le Gouvernement, qu'on peut dire que le temps n'a jamais produit rien de semblable. Cet homme passant pour être en grande faveur auprés de la Reine, & à dire vrai sa charge & son experience le vouloient ainsi, fut interrogé par un de ses intimes amis, comment il avoit pû se soûtenir pendant trente ans consecutifs, au milieu des changemens & des disgraces de tant de Conseillers & grands Personnages? Comment j'ay pû me soûtenir, répondit le Marquis, c'est que je suis de bois de Saule & non de Chêne. *Ortus sum ex Salce, non ex Quercu.* Et certes ce Vieillard avoit sur cela donné de bonnes leçons à ses Collegues, & sur tout à Guillaume Comte de Pembroke, car VVinchester & luy furent toûjours de la Religion de la Reine, & parurent zelez jusques à la Bigoterie. On dit d'eux qu'étant l'un & l'autre Cadets de leur Maison, qui étoit pourtant noble, ils dépenserent tout leur bien, &

vinrent à la Cour par commiſſion, où ils commencerent à trafiquer pour eux-mêmes ſur le ſimple fond de leur eſprit, & furent ſi heureux, qu'ils gagnerent, dépenſerent, & laiſſerent plus de bien qu'aucun n'en avoit laiſſé depuis la conquête des Normans juſques à nous: on a dit agréablement là-deſſus qu'ils vécurent dãs un tems de diſſolution.

Diſons donc pour finir que ces deux Seigneurs principalement ont vécu & ſont morts en faveur. Le dernier penſa ſe perdre entierement par le mariage de ſon fils avec Madame Catherine Grey. Mais ce mariage ne fut pas plûtôt conſommé, que craignant qu'il ne fût pas ſûr d'avoir mêlé ſon ſang avec le ſang Royal, il va se jetter aux pieds de la Reine, & reconnut avec larmes non seulement sa présomption, mais proposa des moyens pour dissoudre ce mariage ; & y travailla avec tant de diligence, qu'aprés la repudiation de cette Dame, il conclud le mariage de son fils Milord Herbert, avec Marie Sidney, fille du Chevalier Henry Sidney, pour lors Député d'Irlande. Edoüard Comte de Hereford en sentit le contre-coup, car malheureusement il se maria à la repudiée, d'où nâquit Milord Beauchamp, & d'où est décendu Guillaume Comte de Hereford. Passons maintenant aux Ministres qu'Elisabeth choisit, ou à ceux qu'elle honora de son affection, ou ausquels elle confia ses plus importans secrets. Suivons les par ordre, faisons en une description exacte, & disons en peu de mots comment ils étoient faits de corps & d'esprit. Mon dessein est de n'offenser personne, & de dire la verité; verité qui fera honneur à la memoire & au merite des intéressez, qu'il ne faut pas confondre dans la foule des *Togati*. Elle a eu autant de Ministres, & des Ministres habiles, qu'aucun de ses prédecesseurs.

Leicestre.

IL est constant que Milord Leicestre fut un des premiers que la Reine fit Général de la Cavalerie. Il étoit le plus jeune des Fils vivans du

Duc de Northumberland, qui fut décolé l'an premier du regne de Marie, & le pere de celui-ci étoit ce Dudley que nos Histoires accouplent avec Epson, & dont elles parlent comme d'insectes qui mangerent la République durant le regne de Henri VII. Northūberland qui étoit Noble d'origine, fut executé l'an premier du regne de Henri VIII. Sa disgrace n'empêcha pas qu'il ne laissât beaucoup de bien, & un fils qui pouvoit vivre sans terres, comme parle le Vulgaire. L'infamie de son pere n'empêcha pas non plus qu'il ne devint Duc, & aussi grand qu'un Sujet pouvoit l'être, & qu'un Souverain pouvoit souffrir qu'il le fût. Quoi qu'il ne trouvât pas occasion de s'em-

parer de la Couronne, il en conçût neanmoins le deffein, & fut prés d'en venir à bout en mariant fon fils Gilbert à Jeanne Gray. Comme ces évenemens font déja vieux il femble que ce font ici des faits hors d'œuvre; cependant cela n'eft pas, car c'eft par là que nous irons aux autres évenemens que la fuite a fait éclorre. Il eft certain que les perfonnes fenfées qui décendront à l'Hiftoire de ces temps là, feront furprifes de voir que ce Duc ait pû devenir fi puiffant, fur tout fi l'on confidere que fon pere eft mort d'une mort infame, que fes biens ont été confifquez, & que fa perfonne étoit fi odieufe au Peuple, qu'on crioit de toutes parts *crucifie, crucifie*. Mais
fi

si l'on y fait attention, il ne sera pas difficile de reconnoître, qu'il ne fut immolé que pour plaire au Peuple, & non pour aucun crime qu'il eût commis contre la personne du Roi. De sorte qu'on peut dire qu'il fut le Martir de la prérogative ; ainsi le Roi ne pouvoit honnêtement faire moins, que d'accorder au fils les privileges dûs à sa qualité, & de lui permettre d'acheter la profession de son pere, qui étoit Avocat, & du Conseil de droit du Roi, avant que d'être *ex interioribus consilii*. Lorsqu'il y fut parvenu, il gagna non seulement beaucoup de bien pour soi-même, il amassa encore de grosses richesses pour le Roi, & ne hazarda pas seulement sa vie & sa réputation pour son service, il y perdit même l'un & l'autre. Il est certain qu'il laissa en partage à son fils beaucoup d'argent & de bon sens, qui sont de bons fondemens, & où d'ordinaire l'ambition ne manque pas; aussi le Roi l'écoutoit-il toûjours volontiers, & le regardoit comme une personne de marque, dont la presence excitoit sa compassion. Je ne vois pourtant pas qu'il ait été avancé du vivant de Henri VIII. quelque envie qu'il en eût, & quelque grande que fût son ambition. Il semble qu'il croyoit que le regne du Roi étoit un regne de chûtes & de disgraces. Cependant comme il vit que la conjoncture étoit favorable, & la Couronne entre les mains d'un enfant, il crût qu'il pouvoit y prétendre aussi bien que personne. Et comme il étoit de qualité, qu'il avoit de l'argent, & un esprit de grande étenduë,, il se mit bien-tôt en réputation, & se vit comblé d'honneurs. Il ne se vit pas plustost en ce état, qu'il commença de prendre parti avec les plus considerables, & même avec le Protecteur; en un mot il ne cessa d'être ambitieux, que lorsqu'il cessa de vivre. En lisant l'Histoire du pere & du grand-pere, la posterité peut juger quel étoit le fils ; car elle apprendra que Robert, dont nous venons de marquer l'origine, afin d'en pouvoir mieux parler, fut heritier du genie & de la ruse de son pere, comme Ambroise le fut du bien. Nous en parlerons en peu de mots, & nous commencerons du tems qu'il vint à la Cour, & qu'il s'acquit les bonnes graces de la Reine.

Il étoit fort bien fait de sa personne ; Ses traits avoient quelque chose de singulier ; il eut de l'agrément étant jeune, & de la douceur dans le visage, mais il avoit le front haut, ce qui ne le rendoit pas moins charmant à mon avis. Sur la fin de ses jours, qui ne furent pas longs, car il mourut à la fleur de son âge, si l'on considere la longue vie des Vieillards, il devint haut en couleur. Ainsi la Reine fit mieux en cela que son pere, car si vous en exceptez quelques-uns de ses parens, & un petit nombre d'autres qui étoient aussi mal faits de corps, que bien faits de l'esprit, elle choisit toûjours des gens de mine; aussi le Peuple dit-il encore aujourd'hui en proverbe *le Roi Henri aimoit un homme*. Etant donc ainsi en ses bonnes graces, elle se ressouvint de ce que ses Ancêtres avoient souffert sous le regne de son pere, & sous celui de sa sœur, & le rétablit aussi bien que son frere dans les dignitez de sa Maison. Ambroise qui étoit l'aîné fut fait Comte de Vvarvvick, & l'autre Comte de Leicestre, &c. Celui-ci fut les prémices de son choix, aussi n'en demeura-t il pas là, car il fut long-temps en faveur. Mais enfin le temps & l'envie, qui attaque toûjours les Grands, finirent sa course. Il mourut à Cornbury, non d'une mort violente, & par Arrêt de la Justice, comme avoient fait son pere & son grand-pere, mais, comme on croit, de poison qu'il avoit préparé pour d'autres, en quoi l'on dit qu'il étoit fort habile. Je ne suis pas obligé de donner dans tous les rapports du Vulgaire, ou dans les Libelles du temps, qui sont d'ordinaire violens, & falsifiez selon l'esprit & le penchant des passionnez & des mécontens. Mais ce qui me détermine à ne le pas croire un homme de bien, est, entre plusieurs autres veritez connuës, la mort de Milord d'Essex arrivée en Irlande, & le mariage de sa fille qui vit encore. Je n'insisterai pas davantage là-dessus, parce qu'il y a long-temps qu'il est mort, & qu'il y en a d'autres vivans qui peuvent prendre intérêt à sa memoire.

Finissons en faisant quelques considerations sur ses Lettres & sur ses écrits, où il paroît un fort honnête homme. Il m'en est tombé quelque chose entre les mains, & je n'ai rien vû où il paroisse plus de pieté, & de plus grands mouvemens de devotion. Si tout cela n'étoit pas sincere, je doute fort de sa probité, & je crains qu'il ne fût que trop dans les principes de Machiavel, & du caractere de Cesar Borgia. Je n'en ai parlé jusqu'ici que par rapport à ses emplois politiques ; disons un mot en finissant de ses charges militaires. La Reine l'envoya pour Gouverneur aux Provinces-Unies, où nous ne lisons pas qu'il ait fait des merveilles; car l'on dit qu'il tenoit plus de Mercure que de Mars; & sans faire tort au grand Cesar, il eût pû prendre pour sa Devise, *Veni, vidi, redii.*

Sussex.

THomas Radcliffe Comte de Sussex, Antagoniste de Leicestre, étoit d'un genie tout opposé; car il étoit l'un des Guerriers de la Reine. Il lui rendit de tres-bons services en Irlande à son avenement à la Couronne, jusques à ce qu'il revint à la Cour, où il fut fait grand Chambellan.

Mais il ne joüa pas sõ rôle auſſi adroitement que Leiceſtre, qui fut un Courtiſan fort agréable; mais en revanche il paſſoit pour plus honnête homme & pour meilleur Soldat, quoiqu'il ne ſe tint pas aſſez bien ſur ſes gardes.

Il étoit bien fait de ſa perſõne, brave & genereux de ſon naturel, aimant ſes amis & ſes domeſtiques avec conſtance & ſincerité. Il étoit d'extraction fort noble, & d'une Maiſon fort ancienne, qui avoit été honorée pendant pluſieurs generations du tître de Vicomte. Il y avoit tant d'antipathie entre Leiceſtre & lui, que tandis qu'ils furent à la Cour, tous deux dans les grãds emplois, ils furent toûjours aux mains, & continuellement opposez l'un à l'autre : ils observoient mutuellement leurs actions & leurs mouvemens. Milord de Suffez avoit beaucoup d'esprit, & cet esprit étant soûtenu de la faveur particuliere de la Reine, d'un grand bien & d'une illustre naissance, avoit de la peine à recevoir la loi de personne. La Reine eut souvent la peine de les racommoder, tantqu'enfin la mort finit leurs côtestations & leurs démêlez. Leicestre demeura maître du terrain, & ne fut pas long-temps sans avoir d'autres rivaux. On dit comme une chose tres-certaine, que Sussex étant malade de la maladie dont il mourut, parla de cette maniere à ses amis. *Je suis prêt à partir pour l'autre monde, & je vais vous laisser à vôtre fortune, & à la faveur & bonté de la Reine: mais je vous avertis de vous donner de garde de Leicestre, car il vous traitera tous avec trop de dureté. Vous ne connoissez pas l'homme comme je le connois.*

Milord Burleigh.

COmme je suis l'ordre de l'élevation des personnes, je viens maintenant au Secretaire Guillaume Cecil, qui succeda à Milord Vvinchester. Il avoit un esprit fort subtile & fort penetrãt, & en même-temps tout plein d'activité. Il ne se soûtint point par le moyen des partis & des factions qu'il forma, car il s'appliquoit tout entier au service de sa Maîtresse, toûjours attentif à ses intérêts : aussi n'en avoit-il pas besoin, car son habileté, son experience & son merite, lui aquirent l'estime & la faveur de la Reine, ce qui dissipa la grandeur apparente des autres, & fit voir qu'il y en avoit d'autres dignes de sa confiance & de son affection.

Il nâquit à ce qu'on dit dans la Province de Lincoln; & des gens qui prétendent le bien savoir, soûtiennent que ce fut dans celle de Hereford, & qu'il étoit fils d'un Cadet de la Maison de Cecil; Maison qui fait à present une figure assez mediocre, & qui ne laisse pas d'être ancienne. Ses parens firent de lui ce que les pauvres Gentilshommes ont accoûtumé de faire en Angleterre de leurs Cadets ; c'est-à-dire qu'ils l'envoyerent à Londres. Il devint riche ; & ayant acheté du bien dans la Province de Lincoln, où il étoit né, il fut envoyé à Cambridge, qui étoit alors le College de la Cour. Il trouva moyen d'entrer au service du Duc de Sommerset du tems qu'il étoit Protecteur, en qualité de Secretaire ; & comme il avoit l'esprit tourné aux grandes choses, il entra peu à peu dans les principales affaires de l'Etat. Mais aprés la chûte du Duc, il fut quelques années dans l'obscurité, & sans emploi, jusques à ce que l'Etat s'apperçut qu'il avoit besoin d'un homme de sa capacité. Et quoiqu'il ne paroisse pas qu'il ait eu aucune charge durant le regne de Marie, au moins a-t-on dit que s'il fut employé ce ne fut que vers la fin ; cependant le Conseil se servit de luy en diverses occasions, & lors que la Reine parvint à la Couronne, il fut fait Secretaire d'Etat, ensuite Maître de la Cour du Guet, & puis Surintendant des Finances; homme qui avoit des parties exquises. Et de vrai la Reine commençoit à avoir alors besoin de gens au poil & à la plume, & à en chercher de tels. Je finis donc en mettant ce grand homme d'Etat au rang des *Togati*, car pour l'épée ce n'étoit non plus son affaire que celle du grand Trésorier & Directeur des guerres, qui suivit bien-tôt, & qui rendit de bons services au dedans par ses grandes connoissances , & au dehors par ses intelligences, qui découvroiét les conseils des ennemis de la Reine.

Remarquons maintenant, & c'est la verité , que jusqu'au dixiéme du regne de la Reine, ses jours furent tranquilles & sereins, & comme le Soleil levant , quelque beau & brillant qu'il soit , est sujet aux nuages & aux petites pluyes , de même son regne ne laissa pas quelquefois d'être obscurci par de petits broüillards ; car ce fut alors que les nuages d'Espagne , & les vapeurs de la sainte Ligue commencerent à écarter & à menacer sa serenité.

Il faut remarquer à la gloire de son regne , & à la loüange

de son grand courage, qu'elle aimoit les gens de guerre, & que le penchant naturel qu'elle avoit pour eux la portoit à les favoriser. Les Courtisans s'en étant apperçus, ce fut un aiguillon pour les porter à aquerir de la gloire, & en même-temps les bonnes graces de Sa Majesté, en s'exposant aux dangers de la guerre, dans un temps principalement où la Reine & les affaires du Royaume avoient besoin de gens de main. Plusieurs Seigneurs & Gentilshommes & même des Officiers de la Cour que la Reine honoroit de sa faveur, & ceux en un mot qui avoient quelque penchãt pour la guerre, prirent le parti des armes sans en demander permission ; tant étoient puissantes les idées & les esperances de l'honneur qu'ils avoient conçûës ; ce qui pensa coûter cher à quelques-uns. Témoin le Chevalier Philippe Sidney, Milord d'Essex, Mountjoy, & divers autres, dont l'absence ne déplût pas moins à la Reine, que la maniere brusque dont ils quitterent la Cour. Nous pouvons ajoûter ici une circonstance veritable & fort à propos en ce lieu : c'est que le dernier Mountjoy s'étât échappé deux ou trois fois pour se rendre en Bretagne, où il avoit alors une Compagnie dans le Regiment du Chevalier Jean Norris, sans en demander permission à la Reine, elle envoya un courier au Général avec ordre exprés de le révoyer. Lorsqu'il vint devant la Reine, elle le traita rudement, & lui demanda comment il avoit eu la hardiesse de sortir du Royaume sans sa permission. Vous irez, ajoûta-t-elle, où je vous envoyerai ; cependant vous logerez à la Tour, où vous pourrez étudier vôtre rôle, parler & écrire de la guerre.

Heureusement la Reine n'avoit pas demeuré les bras croisez durant la tranquillité de son regne, car elle avoit travaillé à remettre en état sa Flote & ses munitions. Il est certain qu'elle envoya un corps considerable de troupes au secours des Hollandois, qui avoient secoué le joug des Espagnols, avant que le Roy d'Espagne lui eût donné aucun sujet de rupture. Si ce fut par prévoyance, ou par compassion, c'est dequoi je ne déciderai point. Je dirai seulement que les Catoliques soûtiennent encore aujourd'hui, que ce fut là la cause des guerres qui s'en ensuivirent. Mais ils ne disent pas que les Païs-Bas étoient les Seminaires du Roy d'Espagne, & la pepiniere, s'il faut ainsi dire, d'où il tiroit ses plus braves gens. Les guerres civiles de France où la Reine envoya cinq differentes Armées, furent aussi l'Ecole où se façonna la jeunesse du Royaume, & ce furent ceux qui furent élevez à la discipline des Espagnols, qui parurent les plus cruels ennemis de la Reine.

C'est ce que j'avois à remarquer des commencemens de

son regne, qui furent plus tranquilles que les suites. Et quoi qu'elles fussent heureuses, & signalées par plusieurs glorieuses victoires, ce bonheur & cette gloire furent traversez par plusieurs conjurations domestiques & étrangeres; conjurations qui furent telles, comme on a déja dit, qu'elles réveillerent l'esprit de la Reine, la firent songer aux moyens de se défendre, & la déterminerent à attaquer pour faire diversion, au lieu d'attendre l'ennemi dans son Païs. En parlant de ces bizarres évenemens, nous avons marqué les causes des guerres qui s'en ensuivirent & les semences de tant de conspiration, qui l'obligerent à prendre à son service tant de braves gens, qui se sont aquis tant de gloire dans les armes, & sur lesquels elle répandit les témoignages de sa faveur. Ils furent tous des personnes d'une rare vertu, & acquirent l'estime & l'affection de leur Maîtresse par la force de leur merite. Il y eut autant de gens d'épée que de gens de robe. Nous suivrons le rang de chacun, & nous continuerons par le Chevalier Philippe Sidney.

Le Chevalier Philippe Sidney.

IL étoit fils du Chevalier Henri Sidney, Lord Députté d'Irlande, & Président de Galles ; homme doué de grandes qualitez, & en grande faveur auprés de la Reine. Sa mere étoit sœur de Milord de

Leiceſtre, d'où nous pouvons juger que le pere eut grande part aux honneurs & aux dignitez, & que le fils étoit noble de tous les côtez. Ses Tuteurs n'oublierent rien pour le bien élever. Ils le firent voyager, & ajoûterent aux voyages l'étude des belles Lettres. Aprés avoir fait des progrés incroyables en toutes ſortes de ſciéces, il quitta l'Academie, & vint à la Cour, où il fut attiré par les ſolicitations de ſon oncle. La reputation que le bruit de ſon grand merite lui avoit déja acquiſe, jointe à l'état de ſa perſonne, naturellement portée aux exercices militaires, donnerent bonne opinion de lui à tout le monde, & prévinrent ſi avantageuſemét la Reine en ſa faveur, qu'elle croyoit que sans luy la Cour n'étoit pas complete. Quoi que le bruit de son merite l'eût fait mettre sur les rangs dans l'élection d'un Roi de Pologne, elle ne voulut jamais donner les mains à son élevation, ni la favoriser, non par un motif d'émulation, mais de peur de perdre en le perdant l'ornement de son regne, & le bijou de sa Cour. Il se maria à la fille unique du Chevalier François Vvalsingham, alors Secretaire d'Etat ; Dame destinée aux honneurs, car aprés la mort de son Epoux qui mourut à Zutphen dans les Pays-Bas, où il étoit Gouverneur de Vitishing, du tems que son oncle étoit dans ces Provinces, elle se remaria à Milord d'Essex, & puis aprés la mort de celui-cy à Milord de Saint Alban, tous gens d'épée, d'honneur, & de singuliere vertu.

Il y a sur son sujet une assez plaisante fable. On dit que Mars & Mercure furent en dispute à qui l'auroit à son service. Et un faiseur d'Epigrammes dit, que l'art & la nature s'étoient épuisez à le former, & que craignant de ne pas achever ce qu'ils avoiét commencé, ils le donnerent à la fortune, & qu'enfin la nature voyant son ouvrage en fut toute surprise. Mais ce sont des fictions de Poëte.

Ce qu'il y a de certain est, qu'il étoit un Gentilhomme tres-bien fait, & l'on pourroit dire à juste titre & sans hiperbole, ce qu'on a dit de Caton

ton d'Utique, *qu'il sembloit n'être né que pour ce qu'il faisoit, versatilis ingenii*, comme dit Plutarque. Mais parler plus long-temps de luy, ce seroit diminuer son merite.

Le Chevalier François Vvalsingham.

IL eut l'honneur, comme nous avons dit, d'être Beaupere du Chevalier Philippe Sidney. Il étoit un Gentilhomme de bonne Maison, mais plus recommandable pour son éducation que pour sa qualité. En sortant de l'Academie il se mit à voyager pour achever de se perfectionner. Il fut sans contredit le plus savant homme de son temps dans les langues, & celuy qui savoit se servir le mieux de sa langue naturelle; aussi fut-ce pour cela qu'il fut employé aux plus grandes affaires de l'Etat. Il fut envoyé Ambassadeur en France, & y demeura durant le fort des guerres civiles, pendant que Monsieur étoit en Angleterre faisant l'amour à la Reine. Il joüa, si je ne me trompe, en France le même personnage que Gundamore joüa depuis en Angleterre. A son retour il fut fait premier Secretaire, & fut l'un des grands hommes d'Etat de son temps, favorisé de la Reine, & serviteur vigilant en tout ce qui regardoit la sûreté de sa Maîtresse.

On dit qu'il a eu certaines curiositez, & plus d'intelligences secretes que tous les autres. Mais j'avouë que je ne sais pas pourquoi il garda si long temps Parry avant que de le faire pendre. J'en ai cherché la raison avec soin, quoi que je ne m'embarasse guere de cette politique rafinée qui fait mouvoir les ressors d'un Etat. Car il ne fait quelquefois pas bon y entrer; & je me souviens que le crime d'Ovide fut d'avoir trop vû. Je crois qu'il n'y a pas icy le même danger à craindre. Ce Parry donc qui vouloit tuer la Reine, s'en facilitoit les moyens en trahissant les autres, & en accusant les Prêtres de sa cabale, & par là il avoit accés auprés de la Reine, luy parloit souvent. Les conversations secrettes & familieres qu'il avoit souvent avec Vvalsingham, ne font pas le mistere, car le Secretaire pouvoit avoir sa vûë, qui étoit de découvrir & de laisser meurir la conspiration. Mais la question est de savoir pourquoi la Reine voulut entretenir Parry en particulier, aprés que son dessein lui fut connu, ou pourquoi Vvalsingham souffrit cela, vû l'état des conspirateurs, & lui permit d'aller & venir où il vouloit, sous la simple garde d'un homme qui le suivoit par tout. J'avouë que je n'y comprens rien, & que je ne vois pas pourquoi l'on s'exposoit de cette maniere.

Je proteste encore qu'ayant lû plusieurs de ses Lettres, car il les adressoit d'ordinaire écrivant de France, à Milord de Leicestre & à Milord Burleigh, j'y ai vû plusieurs beaux secrets, & si j'avois entendu les chifres, dont elles étoient remplies, elles m'auroient appris plusieurs particularitez de ce temps-là. Mais il faut finir, & le mettre au rang des *Togati*, & même le principal de ceux qui jetterent les fondemens des guerres de Hollande & de France, qui furent un autre échantillon de son habileté, & de la faveur de la conjoncture. Remarquons encore qu'il fut l'un des grands instrumens des troubles de la Maison d'Autriche: car & lui, & Stafford qui le préceda, auroient fort bien pû être comparez au malin dont parle l'Evangile, qui semoit son ivraye durant la nuit; de même ces deux hommes répandoient à la faveur des tenebres des semences de division. On a dit avec vrai-semblance, qu'il dit à la Reine aprés son retour de France en lui apprenant, qu'il avoit senti dans ces païs-là quelque chose du dessein des Espagnols, *je vous prie, Madame, de ne rien craindre*; les Espagnols sont de bon appetit, & font bien la digestion; mais je leur ai donné un os à ronger, où ils ont pour vingt ans d'affaires; de sorte que vôtre Majesté n'aura nul sujet d'apprehender, pourvû qu'en cas que le feu que j'ai allumé venant à brûler, vous me laissiez faire, & y jettiez de temps en temps quelques tisons pour en rallumer les flâmes.

Vvilloughby.

Mllord Vvilloughby fut l'un des premiers hommes d'épée de la Reine. Il étoit de l'ancienne race des Bartnes, mais d'extraction plus noble du côté de sa mere, qui étoit Duchesse de Suffolk.

Il étoit habile dans l'art militaire. Il alla en France en qualité de Général, & commanda la seconde des cinq Armées que la Reine envoya au secours des François. J'ai ouï dire, que s'il n'eût pas méprisé la Cour, mais qu'il se fût attaché à la Reine, il eût pû avoir beaucoup de part à sa faveur. Il avoit accoutumé de dire qu'il n'étoit pas reptile, voulant dire par là qu'il ne pouvoit pas ramper, & que la Cour n'étoit pas son élement; en effet comme il étoit grand Capitaine, aussi avoit-il un courage qui ne pouvoit s'accommoder de la soumission & des assiduitez qu'il faut à la Cour. Et comme il fut en quelque maniere sur son retour, il eut heureusement *animum revertendi*, & de faire une retraite sûre.

Le Chevalier Nicolas Baçon.

JE viens au Chevalier Nicolas Baçon, homme de robe, & un abregé d'esprit & de sagesse. Il étoit Gentilhomme, & Jurisconsulte habile. La connoissance qu'il avoit du Droit, jointe avec ses autres Sciences

& à son adresse, furent cause qu'il fut fait Garde du grand Seau. Comme il étoit allié du grand Trésorier Burleigh, ce lui fut un secours pour s'insinuer dans les bonnes graces de la Reine ; car il étoit fort factieux, qualité à laquelle la Reine se laissoit beaucoup prendre, lors qu'on savoit choisir son temps, dequoi il étoit fort capable. Il étoit trésbeau parleur, & il avoit accoûtumé de dire souvent qu'il aimoit bien la raillerie, mais non la perte de son ami. Il vouloit dire, qu'encore que ce fût un bon & solide principe de reconnoître, *unusquisque suæ fortunæ faber*, le nombre cependant de ceux qui se gâtoient étoit le plus grand. Mais je n'oublierai jamais celui qui se perdit pour se débarrasser de sa plaisanterie.

Il étoit pere de cet esprit fin & délicat, qui a joüé depuis un funeste rôle sur le Theatre du monde, & il n'y a pas long-temps qu'il avoit succedé à son pere en la Charge de grand Chancelier. Ceux qui vivoient alors, & de qui j'ai appris ce que je dis de lui, en font un beau portrait, & le regardent comme un autre Solon, comme le Sinon de son temps, & comme aussi habile que l'étoit Edipe à démêler les énigmes.

Il y avoit alors deux rivaux pour la faveur de la Reine, l'un étoit le vieux Chevalier François Knovvls, Contrôlleur de l'Hôtel, & l'autre le Chevalier Henri Norris, qui avoient séance avec les Pairs à la Chambre Haute du Parlement, aussi bien que Milord Norris de Ricot, qui s'étoit marié à la fille unique du vieux Lord Guillaume de Tame, personnage distingué, auquel la Reine avoit été donnée en garde pendant son adversité, & dont elle avoit reçû des offices extraordinaires. La Reine étoit de si bon naturel qu'elle n'oublia point les bons services que Milord Guillaume lui avoit rendus, & se souvint aussi de Milord Norris, dont le pere étoit mort sous le regne du Roi Henri son pere pour justifier l'innocence d'Anne de Boulen sa mere.

Milord Norris.

Milord Norris eut beaucoup d'enfans de son Epouse dont nous venons de parler, & la Reine avoit beaucoup de respect pour eux tous, car ils étoient six garçons, & tous braves gens. L'ainé s'appelloit Guillaume, & fut pere du dernier Comte de Berkshire ; le second le Chevalier Jean, qu'on appelle vulgairement le Géneral Norris ; le troisiéme le Chevalier Edoüard ; le quatriéme le Chevalier Thomas ; le cinquiéme le Chevalier Henri, & enfin le Chevalier Maximilian ; tous gens de courage, & de grande experience dans les affaires militaires. Et pour rendre juſtice à leur merite, ils furent des perſonnes ſi fameuſes & de ſi grande valeur, que la poſterité doit avoir de la veneration pour leur memoire.

Knovvls.

LE Chevalier François Knovvls étoit un peu parent de la Reine, & eut auſſi une aſſez bonne Famille ; car il eut Guillaume ſon aîné, & depuis Comte de Bambury ; les Chevaliers Thomas, Robert, & François, ſi je ne me trompe à leurs noms. Ils eurent une ſœur appellée Madame Lettice, qui fut premiérement Comteſſe d'Eſſex, & puis de Leiceſtre. Ceux-ci furent auſſi de braves gens en leur genre, mais de la Cour, & du Tapis, n'ayant pas l'esprit tourné du côté de la guerre.

Il arriva à ces deux Maisons, ce qui arrive d'ordinaire aux Grands qui se disputent la faveur, c'est à dire qu'elles ne vécurent pas en bonne correspondance. Il y avoit entr'elles des semences d'envie ou de défiance qui les desunissoient, & qui penserent éclater en actes d'hostilité; car il fut un temps que ses freres se rencontrant à la Cour se faisoient des défis à certains exercices dont la Reine & les Vieillards étoient les spectateurs, qui aboutirent enfin à des querelles reciproques. Et je suis persuadé, quoi que je n'en doive pas juger, que ce fut un reste de cette animosité qui causa long-temps après la ruine totale d'une de ces Maisons, & les disgraces dont l'autre se vit presque accablée. Car c'est une verité reconnuë, que tandis que Milord de Leicestre vécut, qui étoit le principal appui d'une de ces Familles, parce qu'il s'étoit marié à une des filles, ni les uns ni les autres ne s'enracinerent jamais bien à la Cour, quoiqu'ils parvinssent d'ailleurs aux honneurs par leur épée. Et ce qu'il y a de plus remarquable, si l'on considere le besoin qu'avoit Milord de Leicestre de gens de main, luy qui peu de temps après fut fait Gouverneur des Provinces-Unies qui s'étoient soulevées, & qui n'étoit pas Soldat naturellement, est, qu'il ne fit plus de cas du Chevalier

Jean Norris, Soldat de reputation, & élevé de page qu'il étoit sous l'Amiral de Châtillon, le plus grand Capitaine de la Chrétienté, sans compter qu'il avoit commandé prés de vingt ans dans les guerres de France & de Hollande. Il faut remarquer de plus, qu'encore que Milord d'Essex, aprés la mort de Leicestre, fût initié aux armes, & nommé par le General pour l'expedition de Portugal, soit par instigation, comme on l'a crû, soit par ambition, ou par crainte que la renommée de ce grand Commandant ne fit tort à la sienne, il ne l'aima jamais d'une amitié sincere. De plus il est certain que non content de traverser en tout & par tout l'elevation de ce brave homme, & de ses freres, il se fit tort à luy-même d'entreprendre, comme il fit l'expedition d'Irlande dans un temps où il ne laissoit point d'amis à la Cour, & plusieurs ennemis déclarez. Mais je ne veux point entrer dans un détail plus circonstancié, parce que j'ai déja fait plusieurs observations sur les deux illustres Maisons dont je parle à présent, & j'ai touché des choses que j'aurois passé sous silence, si la fidelité de la narration avoit pû me le permettre.

Le Chevalier Jean Perrot.

LE Chevalier Jean Perrot étoit un homme d'épée, & un Gentilhomme bien fait. Et comme il étoit d'une Maison fort ancienne, sur tout du côté de Guy de Bryan de Lavvhern, aussi avoit-il beaucoup de bien, & ce ne fut pas par indigence qu'il vint à la Cour. Outre ces avantages, il avoit du courage & un esprit élevé, s'il eût été assaisonné de prudence. Ce défaut joint avec sa liberté & sa hardiesse naturelle à parler, lui attira des disgraces, & donna de grands avantages à ses ennemis, du nombre desquels étoit le Chevalier Christophe Hatton. Il avoit pourtant de la sagesse, & étoit un brave Courtisan, mais brusque. Comme il étoit né pour la guerre, aussi étoit-il plus actif que sedentaire. On pourroit demander avec raison d'où lui vinrent ses disgraces ? car il avoit des parens puissans, & de bons amis à la Cour. Milord de Leicestre & Milord Burleigh étoient ses contemporains & ses amis ; mais peut-être aussi de faux amis. Et puis nous savons tous qu'il n'y a point à disputer contre la destinée.

On l'accuse d'avoir trop aimé la solitude, d'avoir fait des retraites trop frequentes, & de s'être trop souvent absenté de la Cour : faute capitale pour ceux qui veulent s'y avancer, & se mettre en faveur.

Il fut député en Irlande, & l'on a crû que sa fierté, sa bizarrerie, & l'aversion qu'il avoit pour le Conseil en furent la cause. D'autres disent qu'on ne luy donna cette commission que parce qu'il étoit plus capable que personne de reprimer l'insolence des Irlandois. Il y a apparence que l'un & l'autre fut cause qu'on songea à l'éloigner, & qu'on conspira sa perte, & l'on n'en doutera pas si l'on considere l'Empire qu'il vouloit avoir dans le Conseil, & la part qu'il prétendoit à la faveur de la Reine. Il alla donc en Irlande, où il eût rendu à la Reine plusieurs grands & importans services, si l'excés n'en eût pas diminué le prix. Cecy n'a point paru un paradoxe à la Posterité ; car pour épargner les Finances de la Reine, il obligea les Irlandois à faire la guerre à leurs dépens, ce que Sa Majesté aussi-bien que Milord Burleigh grand Trésorier, regarderent comme un service considerable. Il donna des Armes à ces peuples, & leur apprit à s'en servir; ce qui fut enfin tres-fatal, soit à cause du sang qui se repandit, soit à cause des dépenses qu'on fit dans les guerres de ces Pays-là.

On le rappella sous ombre de vouloir luy faire rendre compte de l'Etat du Royaume, & aprés son retour la Reine luy donna mille marques de sa bienveillance; mais enfin s'étant retiré à sa maison de Cary, où il faisoit alors bâtir, soit qu'il quittât la Cour de chagrin, parcequ'il n'y avoit pas de commandement, aprés en avoir eu ailleurs, soit que la haine & les intrigues de Hatton, qui étoit alors le tout puissant, & qu'il avoit peu de temps avant raillé sur sa maniére de danser, le déterminassent à abandonner le terrain, il fut accusé de crime de Leze-Majesté, & pour quelques paroles hautes, & en conséquence d'une lettre supposée, condamné selon la loi. La Reine ayant appris qu'il avoit été condamné, dit avec son serment ordinaire, qu'ils étoient tous de malhonnêtes gens. On rapporte comme une chose certaine, qu'aprés son premier interrogatoire, étant de retour à la Tour, il dit en jurant & tout indigné au Chevalier Ovven Hopton Lieutenant, *quoi, Monsieur ? la Reine souffrira-t-elle que son frere soit immolé à l'envie de ses ennemis ?* Ce que la

Reine ayant sçû, & l'ordre pour l'execution du prisonnier lui ayant été presenté, & même d'une maniére assez pressante, elle ne voulut pas le signer, & jura qu'il ne mourroit pas, parce qu'il étoit un bon & honnête homme. Et certes sans nous reposer entiérement sur la foi de la tradition, & sur les vieux rapports qui se sont faits, comme par exemple que le Chevalier Thomas Perrot son pere étoit Gentilhomme de la Chambre du Roi Henri VIII. & marié à une Dame de grande qualité, que le Roi voyoit de bon œil, si nous allons un peu plus loin, & que nous le comparions au Roi, soit pour la mine, pour les qualitez, pour le geste, & pour la voix, la memoire de ce

Prince nous est trop récente, pour n'y pas voir beaucoup de rapport, & pour ne pas croire que le Chevalier Jean Perrot étoit décendu du sang Royal.

Ce qu'il y a de certain est qu'il ne vécut pas long-temps à la Tour; & qu'aprés sa mort, le Chevalier Thomas Perrot son Fils, qui dés lors n'étoit pas peu estimé de la Reine, & qui quelque temps auparavant s'étoit marié à la sœur de Milord d'Essex, depuis Comtesse de Northumberland, eut la restitution de toutes ses Terres; mais aprés sa mort, qui suivit immediatement cette restitution, la Cour prenant droit sur la premiére conviction, se saisit encore de ses biens. A dire vrai, la lettre supposée qu'on produisit contre

tre lui ne fut regardée que comme une invention & un effet de l'envie de ses ennemis ; ce qui fut bien-tôt aprés éclairci par le propre aveu du Prêtre. Ce qui chagrina plus la Reine, & donna de grands avantages à ses ennemis, fut, comme le remarque le Chevalier Vvalter Raleigh , ses paroles fieres & méprisantes. Car la Reine luy ayant écrit des lettres dures & pleines de censures, & peu de temps aprés d'autres par lesquelles elle approuvoit sa conduite, loüoit ses services, & lui touchoit un mot de l'invasion que les Espagnols méditoient ; il ne les eut pas plûtôt lûës, qu'il dit publiquement dans la grand-Chambre de Dublin, *à present que les Espagnols la font*

S

trembler de peur, elle revient à moi, &c.

On trouva que ces paroles étoient équivoques, & qu'elles attaquoient en quelque maniére la réputation de fa Souveraine. Belle leçon pour ceux qui font dans les charges d'autorité, qui leur apprend à être en garde contre les violences de la nature, & fur tout contre les excés de la langue. Je finis par une double remarque. La premiere regarde l'innocence de fes intentions, qui le juftifie du crime de leze-Majefté dont il étoit accufé. L'autre regarde la grandeur de fon ame. En effet il fut fi peu abattu de ce qu'on allegua, & prouva contre lui en lui faifant fon procés, qu'au lieu de s'en affliger, il ne fit que s'en mettre en colere, & conçût du mépris pour son Juré, quoi qu'étant Chevalier & noble privilegié il fût en droit de demander le renvoy de son procés devant les Pairs & Barons du Royaume. Son genie étoit si superieur & son esprit si élevé, que son grand cœur l'accompagna jusqu'au bout; mais enfin sans diminuer son courage, il rompit les liens de sa magnanimité, & mourut subitement à la Tour, dans le temps qu'on croyoit que la Reine songeoit à le faire mettre en liberté, & à le retablir dans la possession de ses biens, qui étoient alors trés - considerables, & comparables à la plûpart de ceux de la Noblesse.

Hatton.

LE Chevalier Christophe Hatton vint à la Cour de la même maniére que le Chevalier Jean Perrot son Antagoniste y étoit venu, car il y vint en homme privé, & sortant du College. Son activité, & sa personne qui étoit grande & bien proportionnée, le firent considerer. Il fut d'abord Vice-Chambellan, & bien-tôt aprés Chancelier. Outre qu'il avoit bon air de sa personne, & qu'il dansoit bien, il étoit d'une complexion vigoureuse, & avoit un esprit capable de tout, aussi apprit-il en trés-peu de temps les maniéres & l'air de la Cour. La verité est qu'il avoit de grands dons & de rares talens, mais un peu trop d'envie. Je le compare à ces plantes qui croissent pendant la nuit, & qui décroissent sur le Midi; car c'est là le personnage qu'il faisoit à la Cour.

Milord Effingham.

Quoi que Milord Effingham fût des premiers à la Cour, je ne vois pas qu'il ait été des premiers dans la faveur. Ses premiéres Charges furent dans la Marine, car la Reine le fit grand Amiral d'Angleterre. Pour son extraction, il suffit de dire, qu'il étoit fils d'une Hovvard & d'ũ Duc de Norfolk. Et quant à sa personne nous nous contenterons de dire, qu'il eût été des mieux faits de son temps, si la fortune lui eût donné autant de biens, que la nature lui avoit donné d'agrémens. Car si l'on considere les temps d'alors pleins de troubles, & où regnoit l'interêt, il ne mourut pas riche, mais il eut la réputation d'honnête homme. Il semble que la Reine eut dessein de l'avancer, & de lui faire plus d'honneur; en effet à son retour de Cardize elle le fit Comte de Nottingham, au grand mécontentement de Milord d'Essex son Collegue, qui s'empressoit fort pour se mettre en faveur. Il s'y prenoit avec tant d'excés & d'extravagance, qu'il perdit beaucoup de l'estime que la Reine avoit pour lui, & obligea les autres de se joindre à l'Amiral, & de chercher ensemble les moyens de s'en défaire. J'ay oui dire à des personnes de la faction de l'Amiral, qu'il ne pouvoit faire aucun mal à Milord d'Essex, cependant je suis persuadé qu'il avoit plus de partisans que luy, tous habiles à tendre des pieges. Mais je laisse cette discution à faire aux Ecrivains des siécles suivans.

L'Amiral étoit sans contredit, bon, honnête, brave, & fidele Serviteur de sa Maîtresse. Et comme cette Princesse étoit fort éclairée, elle l'avoit jugé propre à l'employ qu'elle luy avoit donné, car elle n'entendoit pas moins bien la phisionomie, que les autres sciences. En effet le grand nombre d'expeditions où il se trouva, & entr'autres celle dont nous venons de parler, & celle de 1588. sont des preuves de son mérite, de la confiance que la Reine avoit en luy, & des favorables préjugez où elle étoit pour sa fidelité & pour sa prudence.

D'ailleurs la Maison de Hovvard étoit alliée de la Reine du côté de sa mere: il n'en faloit pas davantage pour luy inspirer des égards pour cette illustre Maison; car sa pente naturelle étoit de soûtenir l'ancienne Noblesse, lors qu'il n'y alloit pas de ses intérêts, comme pourroit être l'usurpation de ses droits, &c. Car en ce cas elle étoit sensible & délicate, & n'épargnoit personne, témoin le Duc & Milord de Hereford, qu'elle aima & protegea jusques à ce qu'ils voulurent toucher au fruit défendu. La faute du dernier n'étoit tout au plus qu'un simple attentat, ou pour mieux dire un abus de son autorité ; mais celle de l'autre fut regardée comme une violence faite à la Couronne, & à l'autorité de la Souveraine. J'ai toûjours ouï dire que ce fut la cause de l'aversion qu'elle eut pour tout le reste de la Maison, & pour Titz Allen Comte d'Arondel, Grand-pere du Duc, qui occupoit avant cela la premiere place dans son affection. De là vinrent aussi les autres soupçons qui diviserent ces deux Maisons. Milord de Hereford & Milord Thomas Hovvard, depuis Comte de Suffolck, furent les seuls en faveur, & les autres l'objet de la jalousie.   S v.

Le Chevalier Jean Packington.

LE Chevalier Jean Packington étoit d'une Maison assez considerable, car c'étoit un brave homme, & un tres-bon Courtisan. Il fut fort en faveur pour le peu de tems qu'il fut à la Cour ; mais il ne fit qu'entrer & tira le rideau par maniére de dire, entre luy & la faveur par son peu d'assiduité ; la mort acheva le reste, & l'empêcha de remonter. On a dit de luy, que s'il eût moins apporté à la Cour qu'il ne fit, il auroit pû en rapporter plus qu'il n'en rapporta; car il en eut l'occasion, mais il ne sçut pas la ménager.

Milord Hunsdon.

Milord Hunsdon étoit des plus proches parens de la Reine ; & aprés la mort de Sussex, luy & son fils eurent la charge de grand Chambellan. Il étoit attaché à son Prince, & aimoit ses amis & ses domestiques d'une amitié solide & ferme. Quoiqu'il eût naturellement de la fierté, & qu'il la fit paroître dans ses paroles, il n'étoit pas pour cela le plus à craindre. Ses intentions n'étoient pas de faire du mal à personne, & il s'en faloit bien qu'il ne mît en pratique les instructions de Milord de Leicestre, car il avoit le cœur bon & droit. J'ai ouy dire plaisamment à des gens qui le connoissoient bien, & qui avoient du credit auprés de lui, que son Latin & sa dissimulation se ressembloient, & que l'habitude qu'il avoit de jurer, & de parler salement le faisoit paroître pire Chrétien qu'il n'étoit, & meilleur Chevalier du Tapis qu'il ne devoit être. Comme il vivoit dans un temps de désordre, aussi aima-t-il l'épée, & en géneral les gens que nos peres avoient accoûtumé d'appeller gens de main, dont il avoit bon nombre à sa suite; cependant il ne passoit pas pour un homme populaire & dangereux. Il avoit rang entre les gens de robe; & il étoit honnête & courageux, & tellement courageux, qu'il eût à l'occasion pris les armes pour son Prince & pour la Patrie, aussi étoit-il chargé de la personne de la Reine, soit qu'elle fût à la Cour, ou au Camp de Tilbury.

Raleigh.

LE Chevalier Wvalter Raleigh étoit un homme, qu'il sembloit que la fortune eût choisi à dessein d'en faire un exemple, ou de le baloter, s'il faut ainsi dire, pour faire voir par là dequoi elle étoit capable. En effet elle l'éleva de rien, & lui fit par ci par là goûter de la grandeur, puis ensuite elle l'abaissa plus qu'il ne l'avoit été, s'il eût été possible. Ce n'est pas qu'il ne fût de bonne Maison, & bien allié, mais il fut pauvre d'abord.

Quant à ce que Milord d'Oxford disoit de lui par raillerie qu'il avoit fait toute sorte de métiers, & que de gueux il étoit devenu riche, nous savons tous que c'est un trait plus conforme à l'envie & à l'humeur de celui qui l'a lancé, qu'à la verité. Faisons ici une remarque assûrée, & disons que la Reine n'a jamais donné sa faveur à des gens nouveaux venus, ou méchaniques; differente en cela de Louïs XI. Roi de France qui selon le rapport de Philippe de Comines, prenoit à son service des gens dont les parens étoient inconnus. Tel fut Olivier le Barbier, qu'il fit Comte de Dunois, & Conseiller du Conseil privé, le seul qui eût part à sa faveur & à sa familiarité.

Ses approches de l'Université & des Colleges de la Cour, furent les fondemens de son avancement; mais ce fut plûtôt des courses, que des sieges, ou des desseins fixes, car il ne fut pas long temps dans le même lieu. Comme il étoit cadet de sa Maison, & qu'il voyoit que son bien diminuoit, il prévit sa destinée, & sentit bien qu'il faloit commencer par rouler, puisqu'il n'y avoit pas moyen de subsister autrement, avant que de trouver du repos, & d'amasser de la Mousse, comme la pierre qui demeure longtemps en un même lieu. Il servit d'abord en Irlande; service qui ne lui produisoit pas alors dequoi se nourrir & s'habiller, car il faut remarquer qu'il étoit fort pauvre. L'impatience le prit ; il quitte l'Irlande, & y revint bien-tôt après sous le commandement de Milord Gray, & en meilleur équipage que la premiere fois. Cependant il méditoit de tenter la fortune du côté des Païs-Bas, ou de faire un voyage en mer ; car si jamais homme fit, comme on dit, de la necessité vertu, ce fut lui. Aussi fut-il un grand exemple d'industrie ; & quoi qu'il pût dire alors comme le Marchand, *Per mare, per terras, currit mercator ad Indos*, il pouvoit aussi dire à juste titre avec le Philosophe, *omnia mea mecum porto* ; car il fut long-temps avant qu'il pût se vanter d'avoir autre chose que ce qu'il avoit sur le corps. Quand la chance eut tourné, il n'en eut l'obligation qu'à se soins; aussi merite-t-il toute la loüange de son bonheur. Il eut une infinité d'avantures, & entreprit diverses choses, avant que de réüssir, & de se distinguer dans le monde. Pour faire voir qu'il s'éleva *per ardua, per varios casus, per tot discrimina rerum*, & que ce ne fut point le hazard qui l'encouragea, non plus que les faveurs de la fortune, je ferai son portrait en peu de mots, & je ne parlerai que des talens naturels qui furent les fondemens de sa fortune.

Quant à l'exterieur, il avoit bonne mine; sa taille étoit belle & bien ramassée, son esprit fort, & son jugement excellent; il parloit bien &

hardiment, & étaloit trésavantageusement, les belles parties dont la nature l'avoit favorisé. Il savoit en général un peu de tout, & par sa diligence il augmenta & perfectionna de beaucoup ses connoissances, car il étoit un Lecteur infatigable soit en mer, soit en terre, & ses remarques sur les hommes & sur les tems n'étoient pas des moins heureuses. Je suis persuadé que le different survenu entre Milord Gray & lui, lorsqu'il fit décente en Irlande fut la principale cause de son avancement; car ils comparurent au Conseil, où ils plaiderent leur cause. Je ne sai s'il y eut de l'avantage; mais je sai bien qu'il y conta ses avantures avec tant de succés, que la Reine

& les Seigneurs eurent bonne opinion de lui & firent cas de ses talens. Cette affaire le fit connoître, & lui donna accés auprés de la Reine & des Seigneurs. Il ne faut pas douter qu'il ne payât ensuite de complaisance, & qu'il n'apprît à faire de nouveaux progrés. Si Leicestre dit en sa faveur à la Reine quelque chose d'avantageux qui ne lui fut pas nuisible, c'est ce que je ne saurois dire au juste. Ce qu'il y a de vrai est, qu'il gagna l'oreille de la Reine en un moment ; qu'elle commença d'être charmée de sa maniere de parler, & qu'elle prit plaisir d'entendre les réponses qu'il fit à ses demandes. Il est certain aussi qu'elle le regarda comme une espéce d'oracle ; ce qui ne fit plaisir à personne. Ceux mêmes qui le protegeoient commencerent à s'allarmer de sa faveur naissante, à craindre la chûte de la leur, & à former contre lui des desseins qui le firent chanter bien-tôt aprés, *fortune mon ennemie* &c. Sentant donc que sa faveur déclinoit, & que ceux qui n'encensent qu'à la fortune s'éloignoient de lui, il entreprit un nouveau voyage, abandonna la Cour pour reprendre les Armes, esperant que son absence & sa retraite étoufferoient & ses passions & celles de ses ennemis. Cela fit grand bruit à la Cour, & il y en eut même qui parlerent de le rétablir; mais comme il savoit qu'on lui avoit rendu de mauvais offices, le parti de la retraite fut le seul moyen qu'il osât tenter, espérant par là que l'envie l'oublieroit, & que les envieux ne songeroiét pas seulement en lui. Cependant son dessein fut toûjours de ne s'oublier jamais soi-même. Cet expedient lui réüssit si bien, qu'à son retour il devint plus puissant ; de sorte qu'il ne fit que reculer pour mieux sauter, s'il m'est permis de le dire. Son bonheur dura jusqu'à la mort de la Reine. Il eut beaucoup de part à sa faveur, & fut Capitaine de la Garde. Nous le laisserons là, & finirons par cette remarque, qu'encore qu'il eût gagné beaucoup de bien à la Cour, il n'étoit venu ni de l'Echiquier, ni de la bourse particuliere de la Reine, mais

de l'adreſſe de ſon eſprit, &
du ſecours de la prérogative;
car la Reine n'a jamais été
prodigue, lors qu'il a été
queſtion de tirer de l'argent
de ſes coffres. Elle payoit la
plûpart de ſes domeſtiques
partie en argent, & le reſte en
bienfaits, qui dans la conjoncture tenoient lieu de paye-
ment, & laiſſa les arrerages
de la récompenſe qui étoit dûë
à leur merite, à ſon illuſtre
Succeſſeur, qui paya tout liberalement & genereuſement.

Grevil.

LE Chevalier Foulk Gre-
vil, depuis Milord Brock,
n'eut pas peu de part à la faveur de la Reine, & s'y ſoû-
tint pendant long-temps. Car

si je ne me trompe, il fut celui de tous les Favoris qui se maintint le plus long-temps, qui eut la conjoncture plus favorable, & qui joüit d'un bonheur plus pur. Il vint à la Cour à la fleur de son âge ; aussi est-ce le temps d'y venir ou jamais. Il étoit bien-fait de sa personne, décendu de Guillaume Seigneur de Brock, & Amiral de Henry VII. Il n'étoit pas ignorant dans les sciéces ; car il étoit des amis du Chevalier Philippe Sidney, comme il l'a souvent protesté. Nous avons des Fragmens de ses Poëmes, & des Poëmes de ce temps-là, qui marquent le commerce qu'il avoit avec les Muses, & qui font voir que la Reine payoit de prudence dans le choix de ses Favoris, &

qu'elle se conduisoit plûtôt par la force de son jugement, que par les mouvemens de la fantaisie.

Je ne vois pas qu'il ait recherché ou obtenu de grandes charges à la Cour pendant tout le temps qu'il y a été; aussi n'en avoit-il pas besoin; car il y vint avec beaucoup de bien; ce qui, comme il avoit accoûtumé de dire, étoit le meilleur moyen pour vivre en homme privé. Aussi vécut-il toûjours de même, & fit le galant jusqu'à sa mort.

Essex.

LE Chevalier Henri Vvotton, qui avoit de belles parties, remarque, que Milord d'Essex fut introduit à la Cour par

par Milord de Leiceſtre, qui s'étoit marié à ſa mere; engament d'alliance & d'affinité qui l'obligeoit à prendre ſoin de ſon avancement, ſuppoſé même qu'il n'y eût pas été obligé par des motifs plus preſſans. Car il faut remarquer en paſſant que le malheur de ſon pere l'avoit alors réduit au petit pied. De dire que le fils du Seigneur Ferrers de Chartley, Vicomte de Hartford, & Comte d'Eſſex, d'ancienne Nobleſſe, & autrefois favoriſé de la Reine, ne pouvoit avoir place dans les bonnes graces de la Reine ſans le ſecours de Leiceſtre, ce ſeroit dire une choſe qui ne s'accorde gueres avec le naturel de cette Princeſſe, qui, comme nous avons remarqué ailla fortune lui eût donné autant de biens, que la nature lui avoit donné d'agrémens. Car si l'on considere les temps d'alors pleins de troubles, & où regnoit l'interêt, il ne mourut pas riche, mais il eut la réputation d'honnête homme. Il semble que la Reine eut dessein de l'avancer, & de lui faire plus d'honneur; en effet à son retour de Cardize elle le fit Comte de Nottingham, au grand mécontentement de Milord d'Essex son Collegue, qui s'empressoit fort pour se mettre en faveur. Il s'y prenoit avec tant d'excés & d'extravagance, qu'il perdit beaucoup de l'estime que la Reine avoit pour lui, & obligea les autres de se joindre à l'Amiral, & de chercher prit du peuple, qui ne pouvoit se lasser de regarder ce nouveau Favori.

Il ne sera pas mal à propos de remarquer en chemin faisant deux circonstances considerables. La premiere est l'indulgence de la Reine à l'égard de ce Seigneur, faute ordinaire aux vieilles gens lorsque l'objet leur est agréable. La seconde est la faute que commit ce Seigneur même, qui eut trop d'avidité, & fit à peu prés comme un enfant qui tette une Nourrice qui a du lait en abondance. Si l'un & l'autre avoient mieux gardé les apparences, il est constant que leur affection auroit été plus durable, & que leur union n'auroit pas haussé & baissé comme un instrument mal accordé qui fait une desagréable simphonie.

La plus grande bevûë de Milord d'Essex, ou plûtôt de sa jeunesse, je ne le dis pas volontiers, est sa trop grande avidité : aussi n'est-ce pas le moindre reproche qu'il eut à faire à ses amis & à ses domestiques, qui auroiét pû lui donner de meilleurs conseils; & qui au lieu de cela, éblouis de leurs esperances, applaudirent à son avidité, & comme Cesar ils voulurent avoir tout ou rien. Maxime tout à fait contraire à la nature, & à l'usage des parens les plus indulgens ; car encore qu'ils soient en droit de témoigner à un de leurs enfans plus d'affection qu'aux autres en le distinguant par l'abondance de leurs bienfaits, ils ne peuvent pas neanmoins s'empêcher de faire d'autres dons qu'ils diſtribuent équitablement à leurs autres enfans. L'experience de tous les jours nous apprend combien la partialité eſt odieuſe : & cette conſideration qui eſt de la portée de tout le monde, auroit dû obliger les domeſtiques de Milord d'Eſſex à pratiquer une maxime plus prudente, & à conduire la fortune de leur Maître avec plus de précaution & de ménagement.

A la verité Milord d'Eſſex a paſſé dans l'eſprit même de ceux qui l'aimoient veritablement & le reſpectoient, pour un homme trop hardi & trop avide de reputation

& de faveur. Pour preuve de cette verité, je rapporterai un fait dont la memoire est encore toute recente, sans prétendre par là offenser les vivans, ni fouler aux pieds les cendres des morts.

Milord Mountjoy, autre Favori de la Reine, & qui n'étoit alors que Chevalier Blunt, parce que son frere aîné vivoit encore, étant nouvellement arrivé à la Cour, eut un jour le bonheur d'être d'une course qui luy réüssit fort bien. La Reine en fut si contente, qu'elle luy envoya pour marque de sa faveur une Dame d'Echecs d'or, richement émaillée, que ses domestiques porterent le lendemain attachée au bras avec un ruban cramoisi. Milord d'Essex traversant la Chambre de la Reine, son manteau sous son bras, pour se faire mieux voir, apperçût cela, & demanda ce que c'étoit, & pourquoi on l'avoit mis là? Le Chevalier Foulk Grevil répondit, que c'étoit une faveur que la Reine avoit envoyé le jour précedent à Mountjoy ensuite de sa course. Sur cela Milord d'Essex d'une maniere qui marquoit son envie, & comme s'il eût voulu limiter les faveurs de Sa Majesté, *je vois à present*, dit-il, *que tous les Fous doivent avoir une faveur*.

Cet affront sanglant, fait d'une maniére si publique, vint aux oreilles du Chevalier Charles Blunt, qui lui envoya faire un appel. Milord accepta le parti, & le lieu du combat fut prés du parc de Maribone, où Milord fut blessé à la cuisse, & désarmé. La Reine s'appercevant de l'absence des combattans, eut beaucoup de curiosité de savoir la verité du fait. A la fin l'ayant sçûë par la voix publique, morbieu, dit-elle, il faut que quelqu'un l'humilie, & lui apprenne à vivre plus honnêtement, car autrement il n'y auroit pas moyen d'avoir raison de lui. Ce fut là le commencement de l'amitié qu'il y eut depuis entre Milord d'Essex & Milord Mountjoy, car la Reine elle-même les pria d'être bons amis.

Pour faire voir qu'il étoit trop avide de réputation, il ne faut pas aller bien loin. Milord d'Essex n'étant pas content que le Géneral Norris se fût imprudemment offert à entreprendre l'expedition de Bretagne avec moins de monde que Milord n'en avoit demandé, resolut de s'en vanger. Norris étant de retour de son expedition victorieux & triomphant, & tout glorieux du bruit de sa valeur, fut regardé comme le seul capable de conduire la guerre d'Irlande. Milord fit tant, & méprisa tellement le nombre & la qualité des Rebelles, que Norris passa en Irlande avec tres-peu de Troupes ; qu'on joignit avec celles qu'il avoit ramené de Bretagne ; & tout cela en vûë de ruiner Norris, comme il arriva. En effet Milord negotia si bien que Milord Borrovves eut le commandement général de l'Armée, & que Norris fut confiné dans son Gouvernement. Tout courageux qu'étoit Norris, son grand cœur ne pût soûtenir cette disgrace, & il eut un chagrin mortel de se voir méprisé & traversé par Essex & par Burrovves; ce qui fut, comme dit le proverbe, *imberbes docere senes.*

Burrovves mourut au commencement de son expedition. La Reine panchoit beaucoup à donner le commandement en chef à Mountjoy, ce que Milord d'Essex désapprouva tout à fait, & allegua plusieurs raisons sans dire la veritable, qui étoit le mépris qu'il avoit pour Mountjoy, auquel il faisoit alors mille protestations d'amitié. Il fit tant enfin qu'il eut l'honneur de terminer la guerre d'Irlande, & toutes les autres.

S'étant donc ouvert le chemin en applanissant lui-même toutes les difficultez, & ayant si bien fait son parti, que personne n'osoit se mettre sur les rangs, il fit à la fin, non sans beaucoup de peine, ce qu'il avoit envie de faire, & plus qu'il ne s'étoit proposé, car il se perdit sans ressource en abandonnant la Reine & la Cour, où il étoit ferme & inébranlable, & laissant le terrain à des gens, qui cherchoient depuis long temps à le supplanter, & qui n'en auroient jamais trouvé l'occasion, si son absence & sa conduite ne la leur avoient donnée. C'est là le veritable caractére de son esprit, qui n'avoit aucune veritable moderation, mais au contraire affamé de réputation, & encore d'une réputation populaire, il n'avoit point de desirs qui ne fussent sans bornes. Je remarque pour venir à sa catastrophe, qu'il y eut deux sortes de gens qui travaillerent à sa ruine. Les premiers furent la soldatesque, qui courut à lui en foule, comme prédisant une mortalité. Le conseil des troupes est d'ordinaire trop brusque & trop violent, & souvent leurs résolutions ne s'accordent pas avec celles de la Cour & de l'Etat. Les autres furent les personnes de sa Famille, ses domestiques, & ses creatures. Toutes ces personnes étoient obligées par intérêt, pour ne pas parler du devoir de la fidelité, à conduire plus methodiquement un Vaisseau, où eux-mêmes étoient embarquez, & à ne pas le laisser floter sous les méchantes voiles de la réputation & des applaudissemens populaires, où il alla faire un triste naufrage. Il me semble qu'un honnête homme qui n'eût fait autre chose auprés de lui que vergetter ses habits, lui auroit dit à l'oreille, *Milord prenez garde à vous ; cette foule qui vous suit vous devorera, ou vous perdra sans ressource ; ne vous mettez pas en tête de gouverner & de dominer tout le monde ; ou si vous ne pouvez pas vous en empécher, ne quittez jamais ni la Cour ni la Reine.* Mais, comme j'ai déja dit, ils succerent trop leur maître, & au lieu de moderer son avidité, ils soufflerent, s'il faut ainsi dire, le feu de son ambition, fomenterent trop les desirs immoderez qu'il avoit pour la gloire, & non contens de cela, ils corrompirent son bon naturel, & le porterent à la vangeance, qui est toûjours accompagnée de la même destinée. De ce nombre furent certaines gens naturellement insupportables qui étoient auprés de luy, qui sur la fin luy donnerent un conseil de desespoir, que l'integrité auroit dû luy faire regarder avec horreur, & que sa fidelité luy défendoit de suivre. Au nombre de ces derniers on met le Chevalier Henry VVatton, son Secretaire Cuffe homme sage, mais d'un méchant naturel. J'en pourrois auſſi nommer d'autres, qui dans le temps qu'il étoit en bon train de revenir & de ſe moderer, ne voulurent jamais ſouffrir qu'il ſe raſsît ; ils agiterent au contraire les reſtes de ces humeurs impetueuſes, que le tems, ſa diſgrace, & ſon bon ſens lui conſeilloient de faire repoſer, ou de s'en décharger par le vomiſſement. Voilà ce que j'avois à dire de cet illuſtre Seigneur, qui fut un mélange bizarre de proſperitez & d'adverſitez, autrefois l'objet de la faveur de ſon incomparable Princeſſe, & depuis fils de Bellone.

Buckhurst.

Milord Buckhurst étoit de l'illustre Maison de Sackvile, & allié de la Reine : son pere s'appelloit le Chevalier Richard Sackvile, ou Fill-Sack, comme on le nommoit alors à cause de ses grandes richesses, & du grand bien qu'il laissa à son fils. Mais il en dépensa la meilleure partie durant sa jeunesse ; ce qui continua jusques à ce que la Reine eut par ses frequentes exhortations & remontrances arrêté le torrent de sa profusion. Il étoit de fort bonne mine, & avoit de grands dons naturels & aquis ; mais sa magnificence fut sans bornes & sans mesure jusques à ce qu'il changeât d'humeur, & que le temps & les bons conseils eussent moderé cette fougueuse jeunesse, & cet esprit superieur, hereditaire aux personnes de sa Maison. Lors que la Reine vit qu'il commençoit à se faire, en bonne & sage Princesse, elle lui tendit la main, & l'avança dans les Finances, où il se dédommagea des dépenses qu'il avoit faites mal à propos, soit en augmentant son bien, & profitant de la dignité dont la Reine l'honora. Joignez à cela qu'il eut par ce moyen occasion de se refaire, & de montrer qu'il étoit un homme à avoir part aux bonnes graces de sa Princesse, & à ressentir les effets de sa bonté.

On louë fort sa manière de parler, mais beaucoup plus l'excellence de sa plume, car il étoit savant & expeditif; qualitez qui se trouvent encore aujourd'huy en ceux de cette Maison. On dit que ses Secretaires ne le soulageoient pas beaucoup pour la composition, où ils trouvoient rarement le secret de lui plaire. Son stile étoit égayé, & il sembloit que ses façons de parler fussent étudiées. Quant à ses dépêches, & à la satisfaction qu'il donnoit aux supplians, il y apportoit une bienseance qu'on a rarement pratiquée depuis; car il y avoit des Officiers destinez à faire un rôle des noms de tous les supplians, & de la datte de leurs premieres requêtes; aprés quoi chacun avoit audience selon son rang; de sorte que le nouveau venu ne pouvoit point devancer celuy qui étoit de plus vieille datte, à moins qu'il ne fût question des affaires pressantes de l'Etat.

Je ne vois pas qu'il fût embarassé en aucune maniere dans les factions de la Cour, qui furent terribles pendant tout ce temps-là, & ordinaires aux personnes de merite. Aussi est-il vrai que comme il étoit sage & courageux, il n'avoit aucun sujet de prendre parti. Il étoit du Sang royal, il avoit l'estime & la faveur de sa Princesse, aussi fut-il tout à fait dévoüé à son service. Il étoit si éclairé qu'il donnoit des preuves continuelles de sa capacité; & l'on a crû qu'encore qu'elle eût pû trouver un Serviteur plus rusé, elle n'en pouvoit trouver de plus judicieux ni de plus fidéle, qualitez qui marquent une grandeur d'ame & une droiture de cœur, exprimées, ce me semble, par cette devise, *aut nunquam tentes, aut perfice* ; paroles qui caractérisoient au juste le genie de sa Maison, & qui exprimoient je ne sai quoi de plus noble que la pente ordinaire des autres hommes. Il paroît qu'il étoit un habile Courtisan, puis qu'il se soûtint jusqu'au bout, & qu'il eut toûjours part à l'affection de sa Princesse.

Milord Mountjoy.

Milord Mountjoy étoit d'une ancienne Noblessese, mais il fut destitué des moyens qui la soûtiennent, je veux dire du bien. Les excès que fit son grand-pere dans l'action de Boulen, la vanité de son pere dans la recherche de la Pierre Philosophale, & les grosses dépenses que son frere fit mal à propos, furent ce semble, comme autant de conspirations réïterées pour ruiner la Maison, & pour l'aneantir entierement.

En sortant d'Oxford il vint à la Cour, où il ne fut pas plûtôt arrivé, qu'il y fut reçû d'une maniere assez surprenante ; c'est un fait que je tiens d'un homme sage de sa Maison. Il n'avoit alors qu'environ vingt ans. Ses cheveux étoient bruns ; il avoit de la douceur dans le visage ; il étoit tres-bien fait, & de belle taille. La Reine étant ce jour-là à White-hall où elle dîna, il y vint pour voir la Cour. La Reine le démêla d'abord entre la foule, & demanda à Madame Carver avec une espece de chagrin affecté, qui il étoit ? Madame Carver répondit qu'elle ne le connossoit pas. Aprés qu'on se fut demandé les uns les autres qui pouvoit être cet Etranger, on vint enfin dire à la Reine, que c'étoit le frere de Milord Guillaume Mountjoy. Cette recherche, & les yeux de Sa Majesté qui étoient toûjours sur lui, (car sa coûtume étoit de regarder & d'intimider ainsi ceux qu'elle ne connoissoit pas,) causerent de l'émotion à ce jeune Gentilhomme, & le firent changer de couleur plusieurs fois. La Reine s'en étant apperçûë, le fit approcher d'elle, lui donna sa main à baiser, ranima son courage par des paroles graves & par de nouveaux regards, & s'adressant ensuite aux Seigneurs & aux Dames; je ne l'ai pas plûtôt apperçû, dit-elle, que j'ai connu qu'il étoit d'une naissance illustre. Elle dit quelque autre chose qui marquoit la compassion qu'elle avoit pour sa Maison. Et luy ayant ensuite demandé son nom, elle lui dit, ne manquez pas de venir à la Cour. Je penserai aux moyens de vous faire du bien. Voilà quelle fut son entrée, & quels furent les commencemens de sa fortune. Sur quoi il faut remarquer, qu'encore qu'il ne manquât ni d'esprit ni de courage, qu'il eût de grands attraits, & un savoir assez étendu ; tout cela cependant étoit accompagné d'une modestie naturelle, qui, vû l'état de sa Maison & de sa fortune presente, eût pû être un obstacle à son avancement, si la bonté de la Reine n'y eût remedié, & ne l'eût encouragé comme elle fit. Pour faire voir le mauvais état de ses affaires, & combien la necessité, Heresie dangereuse, est capable d'abattre les meilleurs esprits, je puis dire hardiment qu'il ne se produisit que rarement jusqu'à la mort de son frere, qui arriva peu de tems aprés qu'il fust venu à la Cour.

Cour. Ce fut alors que la Reine lui donna une pension annuelle de mille marques, *a* & il n'eut gueres au delà pendant tout le cours de son regne. Comme il étoit d'une humeur bizarre qui ne lui étoit pas avantageuse, ni propre au manége de la Cour, aussi avoit-il du penchant pour les Armes & pour les voyages. Et si les gens sages qu'il avoit auprés de lui n'eussent travaillé à le faire revenir de cette fantaisie, & que la Reine ne l'eût pas mis à son service, cette inclination naturelle eust gâté ses affaires. Comme il avoit appris l'art militaire par le moyen de la lecture qu'il aimoit

a Une marque vaut 13. Shell. 4. sous monnoye d'Angleterre, & environ trois Ecus monnoye de France.

passionnément, aussi son genie le portoit puissamment à le savoir par experience; & c'est ce qui fut la cause de ses courses. Il avoit une Compagnie dans les Pais-Bas, d'où il revint tout glorieux des applaudissemens de la Reine. Mais comme le repos quelque glorieux qu'il fût n'étoit pas son affaire, il s'exposa plusieurs fois, & pressa si souvent la Reine, sous prétexte d'aller visiter sa Compagnie, de lui permettre de retourner dans les Païs-Bas, qu'à la fin il s'attira un refus tout sec. Il ne laissa pas de se dérober, & d'accompagner le Chevalier Jean Norris à son expedition de Bretagne, qui fut une guerre opiniâtre & sanglante. Il appelloit toûjours ce Chevalier son pere, il le respecta plus que personne, & déplora toûjours sa destinée; bien different en cela de Milord d'Essex son ami, qui n'aimoit ni n'estimoit ce grand Capitaine. A la fin la Reine commença de regarder ses frequens voyages comme des marques de son mépris, & l'obligea de demeurer actuellement à la Cour auprés de sa personne. Elle comptoit si fort sur le jugement qu'elle en avoit fait, & sur l'opinion qu'elle avoit conçû de son merite & de sa prudence, qu'elle le choisit préferablement à tous les autres, pour finir la guerre d'Irlande, ce qu'il fit heureusement. On peut dire qu'elle prophetisa lorsqu'elle dit de luy, qu'il auroit le bonheur & la gloire de couper le fil de cette fatale rebellion, & de la faire décendre en paix au tombeau. Elle ne fut pas trompée, car il finit cette guerre avec beaucoup de travaux & de soins, non sans s'attirer l'envie de plusieurs Courtisans; mal que l'âge de la Reine & la corruption des tems rendoient fort ordinaire.

Je passe à present au Secretaire Cecile son intime ami, qu'il adora toûjours comme son Heros pendant qu'il fut absent de la Cour, & qu'il aima comme son Mecenas avant & aprés son départ, & même durant qu'il eut le commandement en Irlande, sachant bien qu'il dépendoit de lui de le soûtenir ou de le perdre, & que pour faire l'un ou l'autre il n'avoit qu'à parler.

Cecile.

LE Chevalier Robert Cecile, depuis Comte de Salisbury, étoit fils de Milord Burleigh, heritier de sa sagesse, comme il le fut par degrez de ses charges & de ses faveurs, quoi qu'il ne le fût pas de ses Terres; puisque ce fut le Chevalier Thomas Cecile son frere aîné qui fut creé depuis Côte d'Excester. Il fut d'abord Secretaire d'Etat, ensuite Général du Guet, & enfin grand Trésorier vers la fin du regne d'Elisabeth. Son pere passa par tous ces degrez pour parvenir à la grandeur & à la gloire qu'il laissa à sa Maison. Quand à sa personne, il n'étoit pas fort obligé à la nature. Il n'avoit pourtant pas le visage mal fait; aussi étoit-ce la principale de ses beautez exterieures. Il n'en étoit pas de même des beautez de l'ame, car on peut dire sans incongruité, qu'il étoit un digne fils de son pere, & qu'il n'étoit pas moins habile & moins avancé que luy dans l'art de conduire les affaires d'un grand Royaume. Il fut à la Cour dés le berceau, s'il faut ainsi dire, ce qui auroit dû l'avancer; cependant à l'âge de vingt ans & au delà, il étoit fort au dessous de ce qu'il fut dans la suite. Mais ayant été exposé & ayant changé de climat, il fit voir d'abord ce qu'il étoit, & ce qu'il seroit. Il avoit dans un tems que la Reine vivoit tres-grand besoin de gens de merite; & entre ceux qui en avoient il étoit un des principaux. Les instructions de son pere, le tems, & la Cour, qui étoit alors l'Ecole de la ruse & de l'artifice, l'avoient rendu habile. Je dis que la Cour étoit alors l'Ecole de la ruse & de l'artifice ; car la condition de la Reine fut telle depuis la dix ou douziéme année de son regne, qu'elle eut le bonheur de se soûtenir, comme nous l'avons déja insinué, quoi que de son tems, & depuis plusieurs siecles, il n'y ait point eu de Prince qui ait eu plus d'ennemis à combattre, ni plus de dangereuses factions à surmonter. Aussi ne devons nous pas trop attribuer sa conservation à la politique humaine, car la providence divine à laquelle rien n'est impossible, dirigea non seulement ces causes secondes, & s'en servit comme d'autant d'instrumens ; mais pour faire voir manifestement que ce que cette Princesse faisoit lui étoit agréable ; il prit un soin particulier de sa conservation, & répandit abõdamment ses benedictons sur toutes ses entreprises. Je fais cette remarque pour satisfaire aux devoirs de ma conscience, & pour protester que je suis persuadé qu'elle n'a rien fait que de legitime, sans me mettre en peine qu'elle paroisse inutile à ceux qui respirent aujourd'huy sous la même forme de Gouvernement ; mais il vaut mieux les abandonner aux risques de leurs préjugez.

Revenons à ce grand Ministre, l'appui de la vieillesse de la Reine. Son corps tout petit & mal fait qu'il étoit ne promettoit pas beaucoup: mais au reste il avoit une tête d'une vaste capacité. Il semble que la nature avoit pris soin que rien ne manquât à cette partie, & que pour perfectionner sa memoire & son esprit, elle eût encore pris soin de ses sens, & pour le mettre en état d'avoir les choses de loin, elle lui avoit donné *linceos oculos*, ou pour luy faire plus de p'aisir elle luy avoit donné des yeux d'Argus. Quant à ses autres vertus sensitives, son prédecesseur Vvalsingham lui avoit laissé le secret d'éventer tout ce qui se faisoit dans le Conclave. Son bon homme de pere étoit si bien informé, ou comme quelques-uns ont dit, si éclairé dans les Mathematiques, qu'il pouvoit dire ce qui se passoit dans toute l'Espagne, & parler juste de chaque vaisseau qu'on y équipoit, & de sa charge, & donnoit des expediens pour traverser les entreprises, les conseils, & les résolutions des Espagnols. Pour vous faire voir en racourci comme dans une carte, les lumieres & la bonté de ce petit homme, j'insererai icy un échantillon de son habileté.

Milord Devonshire ayant eu avis certain, que les Espagnols se préparoient à faire une invasion en Irlande avec une bône Armée, écrivit pressamment à la Reine & au Conseil, de luy envoyer des secours suffisans pour marcher aux Espagnols, en cas qu'ils missent pieds à terre, & pour poursuivre ses desseins contre les Rebelles. Le Chevalier Robert Cecile qui commençoit à l'aimer tendrement, & qui en étoit aimé de même, luy écrivit une Lettre particuliere outre la dépêche generale du Conseil; ce qu'il avoit accoûtumé de faire souvent.

MILORD,

Comme je crains que vous ne soyez sesible que du côté de l'honneur, & que j'ai beaucoup d'affection pour vous, & grand soin de vous obliger, je ne puis m'empêcher de vous assurer en particulier, que les Espagnols ne vous iront point voir cette année. Je fais d'original tous les préparatifs qu'ils font, & ceux qu'ils peuvent faire. Comptez qu'ils sont en reputation de faire semblant d'embrasser plus qu'ils ne peuvent tenir ; mais comptez aussi que l'année prochaine ils renouvelleront leurs espérances échoüées. Je ne saurois vous dire au juste de l'heure qu'il est, s'ils seront plus forts qu'ils ne sont à présent ; mais autant que je puis le savoir, je crois que vous pouvez les attendre dans la Province de Munster, & pour vous faire plus de chagrin en differens endroits, comme à Kingsale, à Beer-haven, à Baltimore, où vous devez compter que venant par Mer, ils fortifieront les Rebelles, & apprendront l'état de leurs forces, avant que d'oser se mettre en campagne.

Comme je sais que vous ne vous relâcherez ni de vôtre vigilance, ni du soin de vôtre défense, soyez assuré que je ferai tout ce qui dépend de moi pour vôtre service & pour le service du public.

Je pourrois ajoûter beaucoup d'autres choses à cet échantillon ; mais tel qu'il est il peut suffire pour faire voir qu'il étoit capable d'écrire, & qu'il avoit de bonnes intelligences chez les Etrangers. Quant aux affaires domestiques, comme ce fut luy qui tint le Gouvernail jusqu'à la mort de la Reine, aussi n'y étoit-il pas des moins habiles.

Il ne me reste plus pour finir qu'à dire un mot de sa mort contre ceux qui en ont parlé d'une maniere scandaleuse.

Car il mourut à Saint Marguaret prés de Marleborough, comme il revenoit de Bath. Dequoi Milord Vicomte de Cranborn, Milord Clifford son fils, & son Beau-fils, moi, & plusieurs autres sommes tous témoins. Il est vrai que le jour précedent il évanouit en chemin, qu'on l'ôta de la litiere, & qu'on le mit dans son carrosse; & c'est de là sans doute qu'est venuë la fausseté qu'on a publiée sur la maniere de sa mort, fausseté, ou verité si vous voulez, ni l'un ni l'autre n'aboutit à rien, & ne fait aucun tort à son merite.

Vere.

LE Chevalier François Vere étoit décendu des anciens & trés-nobles Comtes d'Oxford. Et l'on pourroit demander ce qui le rendoit plus recommandable, ou la Noblesse de sa Maison, ou la gloire de ses actions, si nous n'avions une preuve authentique qui decide la question :

Nam genus & proavos, & quæ non fecimus ipsi,
Vix ea nostra voco.

Car quoi qu'il fût un illustre décendant de cette ancienne branche de Noblesse ; ce qui ne fait aucun tort à sa vertu ; cependant il a aquis plus de gloire au nom de Vere, que la Maison ne lui a donné de sang. Il n'étoit inferieur en rien à aucun des hommes d'épée de la Reine, & il étoit superieur à plusieurs. Mais nous n'en dirons pas davantage, de peur que voulant laisser quelque chose qui pût être ajoûté à ses loüanges, nous n'en oubliassions beaucoup davantage qui pourroient servir à sa gloire.

Je ne vois pas qu'il vint beaucoup à la Cour, car il demeura presque toûjours au Camp. Mais quand il y vint personne ne fut plus favorisé, & personne en même tems ne fut moins envié ; car rarement s'embarassoit-il de jalousie, & rarement aussi s'allarmoit-il de la crainte d'être supplanté. On dit que comme la Reine aimoit les hommes de guerre, elle caressa celui-ci dés qu'il parut à la Cour. Aussi étoit-il sans contredit un Soldat d'un grand merite. Il avoit commandé trente ans au service des

Etats, & vingt les Armées de la Reine en qualité de Général en chef.

VVorcester.

J'Ai mis Milord VVorcester le dernier, mais il n'étoit pas le moindre dans l'affection de la Reine. Il étoit de l'ancien & noble sang des Bevvfords, & de la ligne du Grand pere de la Reine du côté de sa mere ; ce que la Reine n'avoit jamais pû oublier, la fidelité sur tout étant jointe avec l'antiquité du sang ; mélange qui avoit toûjours été du goût de la Reine. Et quoi qu'il y eût une chose dans cette Maison capable d'aliener l'esprit de Sa Majesté, ce-ci soit dit avec tout le respect & toute la veneration que j'ai pour Milord, je veux dire qu'elle étoit de Religion contraire ou soupçonnée de l'être ; cependant la Reine a toûjours eu du respect pour elle, & principalement pour cet illustre Lord, qu'elle fit d'abord Géneral de la Cavalerie, & ensuite Conseiller d'Etat. Durant sa jeunesse, dont une partie se passa hors de la Cour, il fut de fort bonne mine, le meilleur homme de cheval, & le meilleur coureur de son temps ; car pour le dire en passant la course étoit alors le divertissement de la Cour, & le noble exercice applaudi par les hommes, & loüé par les Dames. Aprés que l'âge l'eut détaché de ces honnêtes exercices, il se rendit un habile & fidele Ministre. Je l'ai placé le dernier parce qu'il survécut à tous les Favoris, & qu'il eut l'honneur de voir sa fameuse Maîtresse, & tous ses collegues dans le lieu de leur repos. Aprés avoir vécu avec beaucoup de réputation. & de distinction, il mourut riche, & dans une tranquille vieillesse ; remarque qui pour être la derniere, n'est pas la moins considerable, car plusieurs des autres n'eurent pas la même destinée, puisqu'ils moururent comme des flambeaux mal éteints, dont le lumignon fumant laisse une puanteur, qui choque l'odorat des assistans.

Voilà le petit portrait que j'avois à faire de cette grande Princesse, de son regne & de ses Favoris. Je ne puis pas dire qu'il soit achevé, car je sai qu'il est défectueux & imparfait. Il n'a que la forme naturelle, & il y auroit bien des choses à ajoûter ; mais c'est l'affaire de la posterité, & je laisse à un pinceau plus hardi que le mien le soin de retoucher les fautes que j'ay faites, & de peindre le reste au naturel. Pour moy j'ay consideré que si j'entreprenois de le pousser plus loin je pourrois aisément y faire couler quelques traits qui défigureroient le peu que j'en ai déja fait. Je proteste au reste que j'ay eu soin de retenir ma plume, & que je n'ai point à dessein déguisé la verité, ni en tout ni en partie. Je sais qu'il y a des gens qui ne seront pas contens de ma modestie, qui

m'accuferont d'avoir manqué
de courage, & entreprendront de faire fur mon ébauche quelque chofe de plus
étendu. Il leur fera d'autant
plus aifé d'en venir à bout,
qu'ils en trouveront la forme toute faite ; ce feroit alors
que je pourrois encherir avec
fuccés fur leur Ouvrage, fi
ma modeftie me permettoit
de noircir la memoire des
morts, qui vivent encore par
l'honneur qu'on leur fait, &
par le merite de leurs vertus, dont leurs Décendans
jouïffent encore. J'aime donc
mieux être cenfuré que d'être accufé d'avoir foulé aux
pieds les tombeaux de perfonnes, que nous n'aurions
ofé regarder en face durant
leur vie, ni leur faire des

supplications qu'avec le respect dû à leurs dignitez, & à la réputation de leurs vertus.

FIN.

www.ingramcontent.com/pod-product-compliance
Lightning Source LLC
Chambersburg PA
CBHW050611230426
43670CB00009B/1353